今までのビジネス人生で
最高に売れた
最強販促事例
を全て包み隠さず
お話しします。

MARKETING
SUCCESS
STORIES

まえがき

本書籍を監修・編集した株式会社ザッツの米満和彦と申します。

私はこれまでに6冊のビジネス書籍を執筆、出版してまいりました。全て「販売促進」をテーマにした書籍です。

書籍の中には、全国各地で商売繁盛を実現している中小企業・店舗の成功事例を数多く取材して掲載してまいりました。それらの事例を読んだ読者のみなさまがヒントを得て、商売繁盛が実現する中小企業・店舗が増えることを願いつつ、執筆してきました。


そこで今回、全く新しい形でビジネス書籍を出版することにしました。

全国各地で商売繁盛を実現している10名の経営者自ら執筆したコンテンツを1冊の書籍にまとめた全く新しいビジネス書籍です。10名の執筆者を選ぶ際もかなり厳選しましたので、お墨付きのノウハウが揃いました。


経営者自ら執筆する最大のメリットは、経営者が直接執筆するので、生の迫力ある文章をお届けできる点です。

もちろん、執筆に不慣れな方もいますので、その点は私が責任をもって編集をしました。

まえがき

また、本書のテーマを「今までのビジネス人生で最高に売れた最強販促事例」とすることで、最高級のノウハウを提供していただくことができました。

2つ目のメリットは、1冊の書籍でより多くの成功ノウハウをお届けできる点です。

一般的な書籍の場合は、1冊の本の中から得られる学びは2～3個程度のものが多いのに対して、本書籍は10名の成功ノウハウを記載していますので、最低でも10個以上の学びを得ることができます。

また、10個の事例は東京はもちろん、北海道や福岡など地方で生まれたものも多数収録しているので、日本全国で活用できるノウハウをお届けすることができます。

3つ目のメリットは、本書の事例は「取材」ではなく、10名の経営者自ら執筆していただきましたので、「自分の著書」として出版できる点です。

自分の著書であれば、より濃厚なノウハウを執筆しようと思うのは当然ですよね。その結果、ノウハウはもちろん、企画などで使用した販促ツールや資料なども惜しみなく掲載していただきました。

さらに、複数の業界のノウハウを1冊に詰め込むことによって、より多くの学びが得られるはずです。

例えば、美容室経営者が飲食店の成功ノウハウを学び、実践することで、美容業界ではまだ誰も気づいていない企画をつくることができる可能性があります。

そして、本書籍は全てコロナショック以降に執筆したものです。

つまり、コロナ禍においてもその成功ノウハウは色褪せることなく、大きな威力を発揮しているものばかりです。

コロナや不況など「稼ぐことが難しい」と言われる現代ですが、この本を読めば10個以上のノウハウを得ることができますし、10名の経営者の溢れんばかりのエネルギーを感じることでモチベーションを高めることができるでしょう。

本書があなたの会社の売上げアップのヒントになれば幸いです。

「今までのビジネス人生で最高に売れた最強販促事例を全て包み隠さずお話しします。」目次

CHAPTER 01

ブログを使って4時間待ちの行列を作った集客事例

株式会社BuzzCreate 小屋真伍

株式会社BuzzCreate（バスクリエイト）の小屋《こや》真伍です。

私は店舗経営者様へ**インターネットを使った集客サポート**を行なっています。私が店舗経営者の集客サポートをしようと志したのは、前職リクルートでの体験が大きく関係しています。

リクルート・ホットペッパーに入社して間もない頃、友人に「大事な食事のお店を探す時にはホットペッパーに掲載しているお店は使わない」と言われ、大きなショックを受けました。

「それなら私がホットペッパーのイメージを変えてやる！」と、従来のホットペッパーには掲載をしていないような老舗や、小さいお店だけどこだわりを持っているお店を掲載していただくことに努めて営業をしてきました。

そこで、何度も提案をしてようやくホットペッパーに掲載してくれた老舗フレンチ店との出会いが私の人生を変えました。ホットペッパーに掲載するための料理写真の撮影が終わった後、「せっかくだから食べていって」と言われ、オーナーにワインを注がれました。

当時20代前半だった私は、ワインをほとんど飲んだことがありませんでしたし、コンビニなどの安いワインを飲んで、「ワイン＝まずいもの」と思い込んでいました。

しかし、クライアントに勧められたお酒を断るわけにもいかず、私は渋々ワインを飲みました。

驚愕しました。とても美味しかったのです。

「高額なワインですか？」と尋ねると、普段出しているテーブルワインだと教えてくれました。

「ワインはしっかり選べば、安くても美味しいものがいっぱいあるんだよ」と教えていただき、そこから私はワインの虜になりました。このお店との出会いがなければ、私は生涯「ワインを楽しむ」という人生の楽しみに気づかなかったはずです。

これが**広告の価値**だと気づきました。

こだわりがあるお店とお客様の新しい出会いを生むこと。

それによって、人生の楽しみの幅が広がる。

テレビCMや新聞広告など、多額の経費を必要とする広告には出稿できないと諦めていた小さなお店が、広告を出稿することができるようになった。それが、ホットペッパーの価値だったと思います。

フリーペーパーの価値の変化

2006年。私がリクルートに入社した当時は、**フリーペーパー全盛期**でした。

入社した3ヶ月後にようやくホットペッパーのWEB版がリリースされるタイミングで、当時はまだ本（紙メディア）しかない時代でした。本の広告を申し込んだクライアントに、無料でWEB版がおまけでつく時代でした。

新たに有料のネット商品を案内した時には「ネットを見て来店する人はいないよ。本だけで十分です」と言われていました。今では考えられないことですよね。

また、当時は月に10万円程の広告費で十分集客効果を実感してもらえる時代でした。

ホットペッパーが登場するまでは、広告といえばテレビか新聞くらいしかありませんでした。それらは高額の費用が必要なので、限られたお店やチェーン店などしか広告ができなかった時代です。だから、消費者も限られた情報の中からしかお店を選ぶことができませんでした。

しかし、ホットペッパーの登場で個人店舗が広告を打てるようになりました。これにより、消費者は魅力的なお店と出会うチャンスが増えました。私はここにホットペッパーの価値を感じていました。

しかし、インターネットが主流になった現在では、月額20～50万円を使っているお店が大半です。個人経営の飲食店にはかなりハードルの高い金額です。なぜこのようなことが起こるのでしょうか？

以前はフリーペーパーが集客の中心だったからです。

当時は、安価な広告費の小さな掲載サイズでも目に触れるチャンスがありました。暇つぶしでホットペッパーを眺めたり、美容室を探すついでに飲食店のページを見て気に入ったお店の広告を切り取って財布に入れている人が多かったのです。だから、企画と写真次第では小さな掲載サイズでも効果を発揮することができました。

しかし、スマホが中心となった現代は、スマホアプリでいくらでも暇を潰せるので、暇つぶしでホットペッパーを見ることはありませんし、そもそも「週末の飲み会の場所を探す」というふうに目的がはっきりした場面以外ではサイトを開くことさえありません。

何かのついでにホットペッパーを見るということは無くなってしまったのです。

また、広告費が月に20万円以上かかるようになったのは、紙とネットでの「お店探しの方法」に決定的な違いがあるからです。

ヤフーやグーグルで何か調べ物をする時のことを思い出してください。上から何番目まで見ましたか？　何ページまで見ましたか？　ほとんどの方が2ページ目以降は見ません。

前述したように、本の場合は前後のページで多少の効果の違いはあれど、見てもらうチャンスが全くないわけではありません。しかし、ネットの場合はページが後ろになれば、どんなに企画を練っていたとしても見てもらうチャンスは生まれません。つまり、存在していないのと同じです。

すると、ネットで自分のお店の情報を表示したい人は当然、もっと検索順位を上げたいと思いますよね？　ホットペッパーをはじめとする広告型のポータルサイトで、検索結果の上位に自分のお店を表示させる方法は掲載料を上げる以外にはありません。

「もっと広告費を支払うので、上位に表示してください」という声が増えれば、当然**新しいサービス（＝高額なプラン）**が生まれます。そして、掲載料が高くなれば、必然的に掲載料を支払うことができる大型店が検索結果の上位を独占することになります。

上位スペースを争うためにマネーゲームが起こった結果が、広告費が高騰した最大の要因なのです。

このように、ポータルサイトの**「中」**だけの争いに目を向けることはあまりおすすめできません。ポータルサイトの**「外」**にはヤフーやグーグルから直接お店を見つけてもらえるＧｏｏｇｌｅマイビジネスやホームページもありますし、多くの人が毎日見ているＳＮＳもあります。ＬＩＮＥ公式アカウントを使えば、お客様に直接メッセージを送ることもできます。

ポータルサイト以外にも無料や安価で集客できるツールがあり、消費者もそのツールを日常的に使っているにも関わらず、ポータルサイトだけで集客しようとするのはとてももったいない話です。

「ポータルサイト以外での集客が大切なのはわかっているけれど、そのやり方がわからない」

そんな真面目で魅力のあるお店をサポートしようと思い、独立を決意しました。

スマホの普及やSNSの発達によって、誰もが情報発信できる時代になったことで、集客の方法も多くの選択肢が生まれました。限られた予算とリソースの中、自社にあった集客メディアを選択し、コストパフォーマンスが高い集客方法を確立することは、これからの時代には**必須事項**となります。

だから、私はそれぞれの店舗に合った集客方法をサポートし、一緒につくり上げることを目指しています。

4時間待ちの行列ができた理由

次に紹介する事例は、私のクライアントの**佐世保バーガー専門店**（長崎県佐世保市）がブログを使って**4時間待ちの行列を作った集客事例**です。次ページの画像は、当日の様子を撮影したものです。

この日、お店にできた行列が長すぎて、お店のある区画1ブロックをぐるりと1周するほどの長さになりました。おかげで、当日は警察が出動するほどの盛況ぶりでした。なぜこのような行列をつく

ることができたのかを説明します。

佐世保市は港町で、JR佐世保駅から出て徒歩1分で米軍と自衛隊の艦隊を見ることができます。この艦隊をモチーフにした**ゲーム・アニメ「艦隊これくしょん」**（以下「艦これ」）の中で佐世保市が登場します。

この「艦これ」と佐世保市のコラボ企画イベントが2018年3月に行なわれ、全国から佐世保市にファンが集結したのです。

艦隊これくしょん　http://kancolle-anime.jp/

このコラボイベントに備えて、事前に佐世保の観光情報や「艦これ」に関するブログ記事を掲載したことで、当日4時間待ちの大行列をつくることができました。

「それはアニメの力では？」と感じるかもしれ

ませんが、佐世保市には佐世保バーガーのお店が約30店舗ありますが、他のお店にはこれほどの行列は生まれませんでした。この差は、ブログでの事前準備をしていたからこそ実現したものです。

ブログの事前準備で具体的に行なったこと

「艦これ」のファンが佐世保に来た際に、**想定される検索キーワード**をブログに散りばめました。

「佐世保バーガー　艦これ　コラボ」

「佐世保バーガー　艦隊これくしょん　コラボ」

想定される検索キーワードを探すのに便利なツールがあるのでご紹介します。

ラッコキーワード（下画像参照）

このツールを使うと、世の中の人がどのようなキーワードで検索しているのかを知ることができます。

例えば、佐世保市に行って美味しい佐世保バーガーを食べたい人がいるとします。

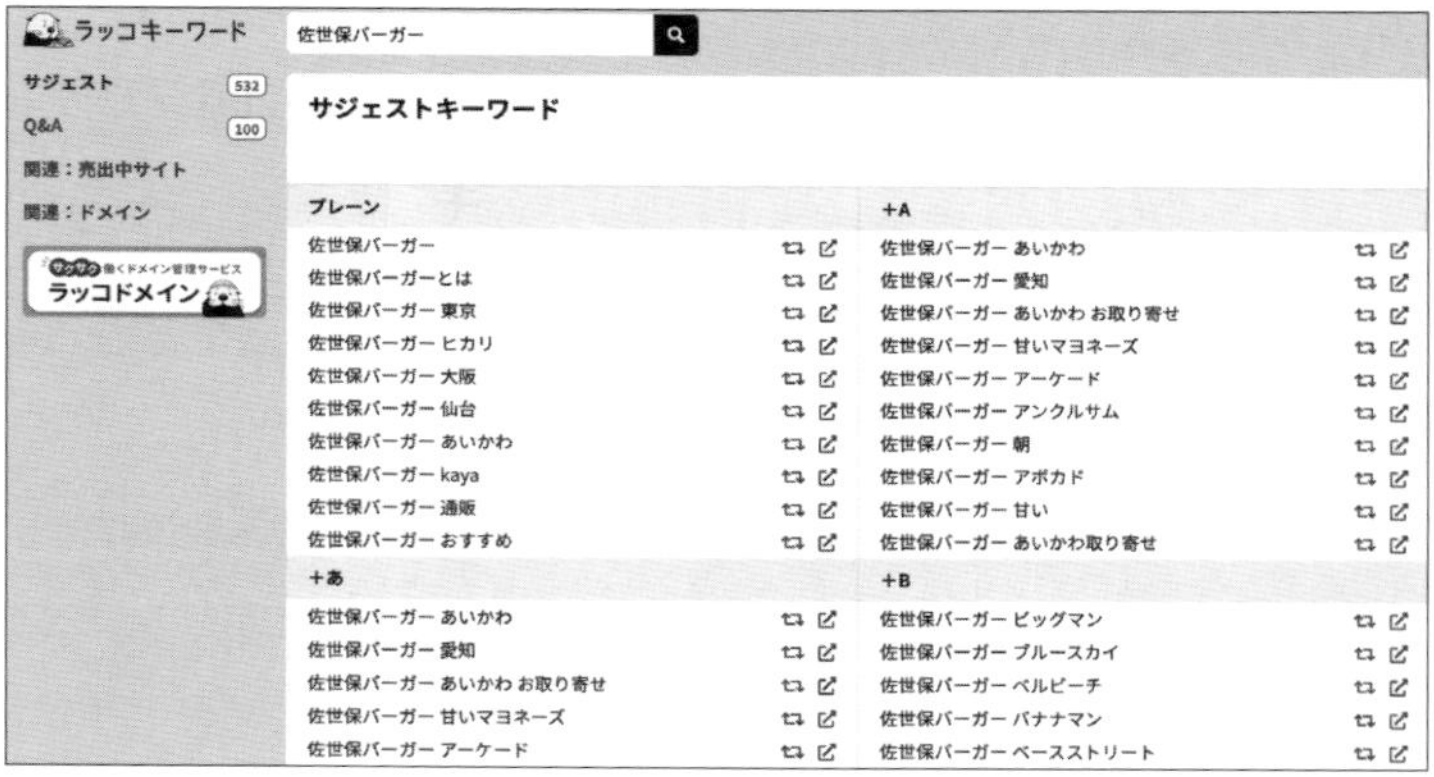

ラッコキーワード　https://related-keywords.com

その際、グーグルに「佐世保バーガー」と1単語だけを入力して検索すると、検索結果には「佐世保バーガーとは？」などの佐世保バーガーが生まれた歴史などを教えてくれるウェブサイトが表示されます。

このように、本当に知りたい情報とは合わないウェブサイトが検索結果に並んでしまった場合、多くの人は「佐世保バーガー　おすすめ　人気店」「佐世保バーガー　佐世保駅」「佐世保バーガー　テイクアウト」というふうに、メインで知りたいキーワードに**関連するキーワード**を付け足して検索をし直します。

この関連するキーワードの候補を「あ～ん」「a～z」まで全て取得してくれる便利なツールが「ラッコキーワード」です。しかも、**無料**で使うことができます。

さらに、「Yahoo！知恵袋」や「教えて！Goo」などで質問されている項目も表示されるので、一般消費者が何を知りたいのかという検索の意図をより正確に知ることができます。

ブログの事前準備の効果

次ページの画像は、ホームページのアクセス数を分析できるGoogleアナリティクスの画面をスクリーンショットしたものです。

2018年3月17日～18日「艦これ×佐世保のコラボイベント」が行なわれた期間中にアクセス数が急増していることがよくわかると思います。ブログ記事単体の閲覧数は503回もあります。

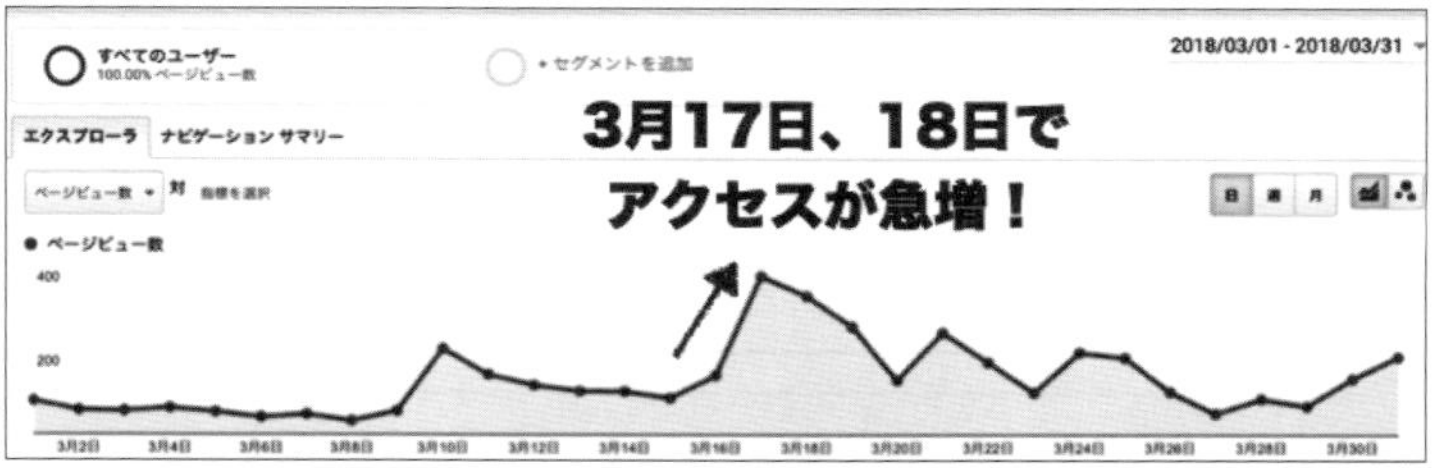

また、ブログの効果は、特に店舗経営者におすすめする**Googleマップ（Googleマイビジネス）**にも良い影響を与えます。

「佐世保バーガー　艦これ」で検索した際、地図に紐づく検索結果（＝ローカル検索結果）に「ウェブサイトでの記載：艦これ 佐世保」と書かれてあります。（下画像参照）

これは、Googleマイビジネスにリンクしてあるウェブサイト内に「艦これ　佐世保」というキーワードが含まれているからローカル検索結果に表示しましたよ、という意味です。

ブログをコツコツとアップすることで、ウェブサイト内に含まれるキーワードが増えていき、あらゆるキーワードでローカル検索結果で表示させることができるようになるのです。

しかし、なかには「私のお店のエリアには艦隊コレクションのような有名なアニメやイベントはありません。汎用性がないのでは？」と感じる人もいるかもしれませんね。でも、安心してください。

この事例で大切なポイントは、**「トレンド」に備えて準備を行なうこと**です。そこで、どのようなビジネスでも応用できるトレンドの掴み方をご紹介します。

誰でも実践できるトレンドの掴み方

トレンドを掴む簡単な方法があります。それは、毎年必ず訪れる行事やイベントに備えて、キーワードを意識したブログ記事を書くことです。

入学式・卒業式・就活・夏祭り・花火大会・クリスマス・イルミネーション・ハロウィンなど。

これらに加えて、地域特有のお祭りやイベントの名称もトレンドになり得ます。私が住む福岡県の場合は「どんたく」「山笠」などですね。

そのキーワードが世の中でどれくらい検索されているのか？

どれくらい検索ニーズがあるのか？　どの時期に検索されているのか？

検索ニーズのトレンドをグラフで知ることができるサービスがあるので紹介します。

Ｇｏｏｇｌｅトレンド　https://trends.google.co.jp/trends/

こちらも**無料**で利用することができます。

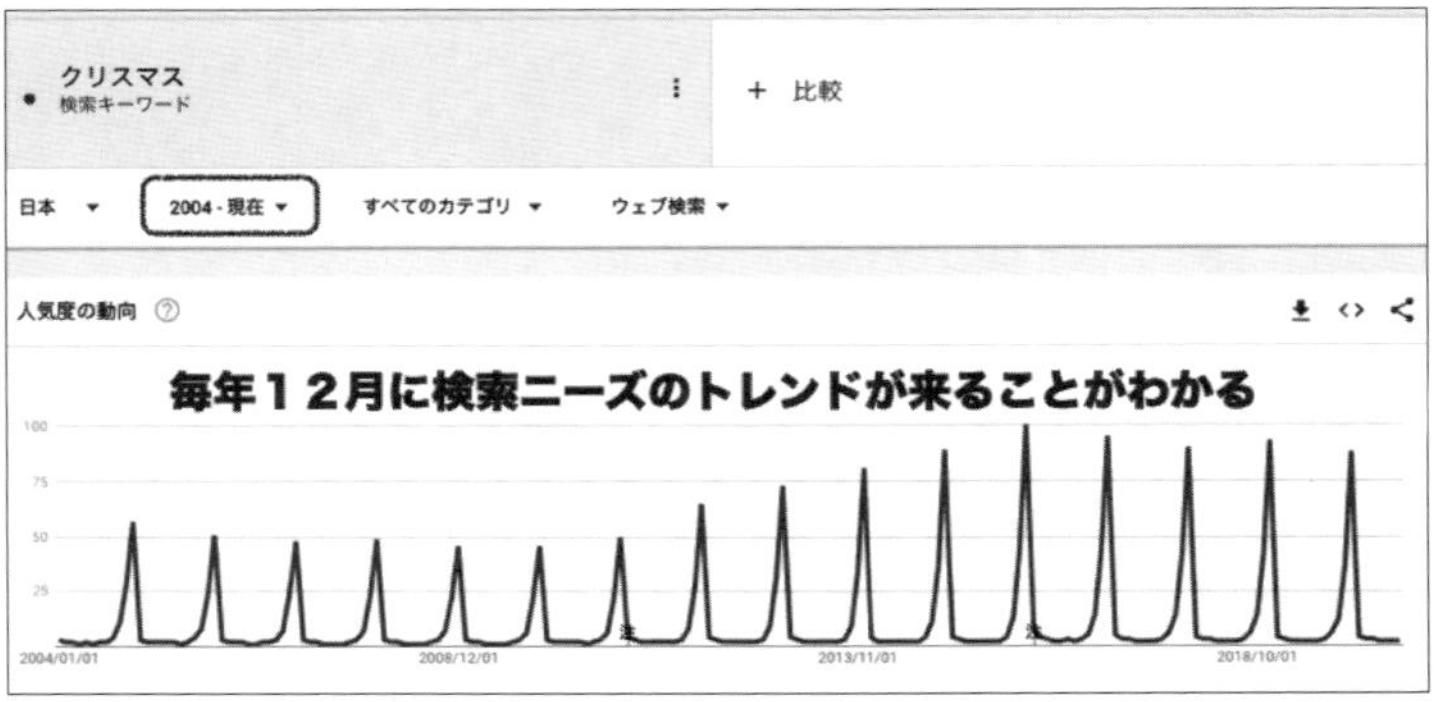

●Googleトレンドの使い方

1　グーグルで「Googleトレンド」と検索する
2　調べたいキーワードを入力して検索する
3　調べたい期間を選択する

上の画像をご覧ください。「クリスマス」と検索するニーズが毎年訪れていることがわかります。

このツールを使ってトレンドに乗り、大量にアクセスを獲得した福岡の飲食店の事例をご紹介します。

福岡では毎年寒い時期になると、糸島市（福岡県最西部の自然豊かな人気の市）にある「牡蠣小屋」に行く人が増えます。当然、「牡蠣小屋」と検索する人が増えます。

この検索ニーズを逆算し、ブログに記事をアップしたところ、たった1記事だけで毎年大量のアクセスを生み出すことができました。そのデータが次ページの画像です。

一度トレンドを掴むことができれば、複数年に渡って集客効果が維持されるのが大きな特徴です。

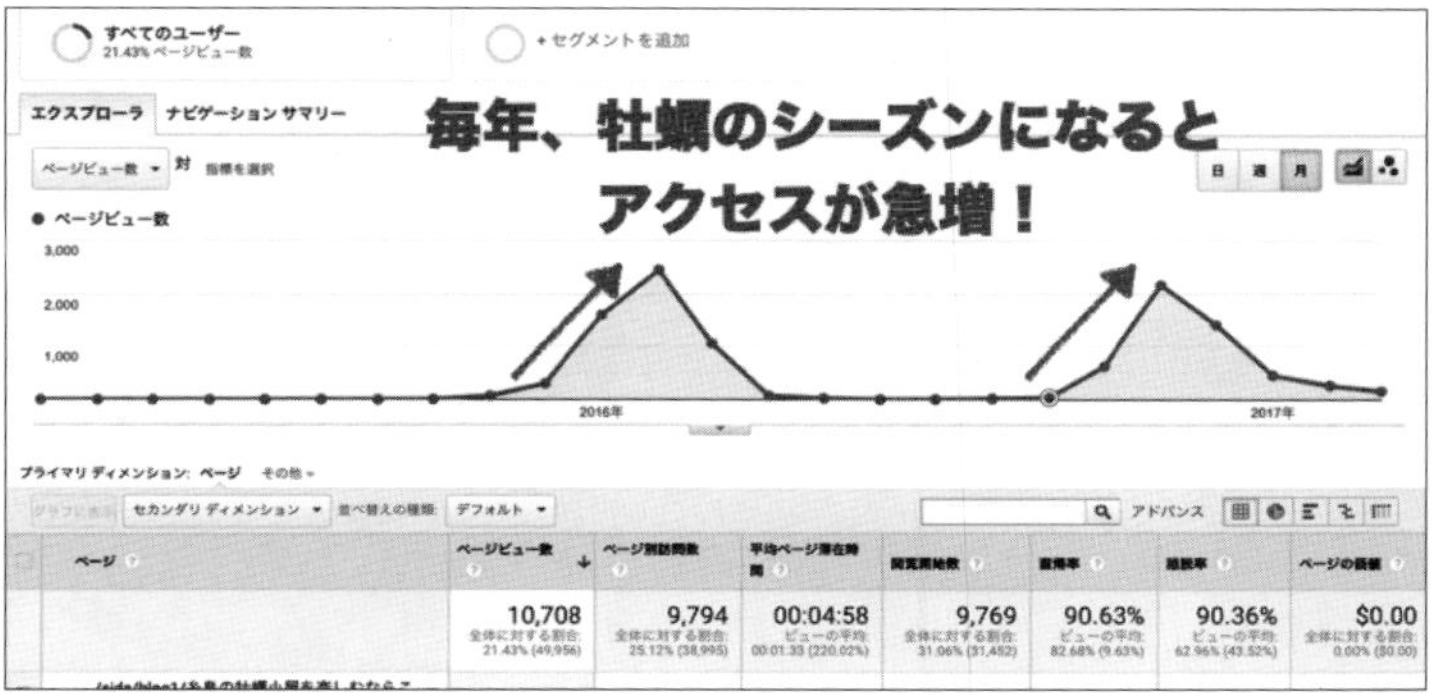

これ以外に、「クリスマス」「ハロウィン」「バレンタイン」「桜」「花火大会」などでトレンドを掴むこともできます。

このように、季節に合わせたネタを複数ブログに仕込んでおけば、一年を通じて大量のアクセスを安定的に得ることができます。

実は、佐世保バーガーのお店は自社ブログの記事をコツコツとアップすることで、どんどんアクセスを増やしているのです。

なぜそのようなことが起こるのか？　といいますと、検索結果の表示順位を決めているグーグルの理念を知っておくと理解することができます。

グーグルが目指す世界とは？

グーグルの使命は、世界中の情報を整理し、世界中の人がアクセスできて使えるようにすることです。

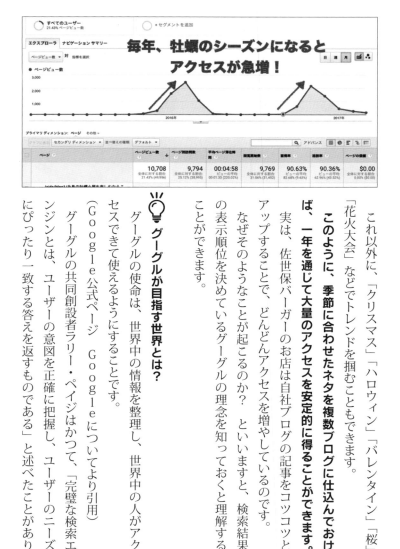

（Ｇｏｏｇｌｅ公式ページ　Ｇｏｏｇｌｅについてより引用）

グーグルの共同創設者ラリー・ペイジはかつて、「完璧な検索エンジンとは、ユーザーの意図を正確に把握し、ユーザーのニーズにぴったり一致する答えを返すものである」と述べたことがあります。(中略)例えば、天気について検索する場合、ユーザーは気象関連のサイトへのリンクだけでなく、検索結果ページに天気予報も表示されることを期待するでしょう。あるいはルート検索であれば、「中部空港ルート」で検索した場合に、関連のあるサイトへのリンク以外にも、ルートが示された地図が表示されれば便利です。（Google公式ページ　便利な検索サービスより引用）

このグーグルが目指している世界は、グーグルを**本屋の店長**に例えるとイメージしやすいと思います。本屋の店長は売上げを上げるために、買う人の気持ちになって人気の本を目立つ場所に並べたり、探しやすいようにカテゴリーごとに並べたりします。

例えば、「半沢直樹」がテレビでヒットした時、原作者である池井戸潤さんが書いた他のシリーズ本が店頭の一番目立つ場所に平積みされました。一度ヒット作を出した実績がある著書の本は、「あの作品を書いた人なら他の作品も面白いはず！」と過去の作品も併せて購入されるケースが多いため、関連書籍として人の目につきやすいように目立つ場所に平積みされます。

ホームページも同じです。1つのブログ記事が多くのアクセスを集めると、そのブログ記事を書いた著者として信頼され、その人が書いた過去の記事やこれから書く記事にも信頼性が増し、検索結果の上位に引き上げられるという現象が起こります。

その証拠に、佐世保バーガーのお店のアクセス数は「艦これ」と佐世保市がコラボイベントを始めた3月17日を境にアクセス数が約2倍に急増しています。

一度、「艦これ」のブログ記事で大量のアクセスを集めることができたので、グーグルからの信頼が増し、他のブログ記事にもアクセスが集まってきたのです。

このように、佐世保バーガーのお店は「艦これ」以外にも適切なタイミングでトレンドを掴み続け、毎年積み上げるようにホームページのアクセス数が伸びています。

グルメサイトの検索ニーズの推移

これからの時代、Googleマイビジネスやブログを使った**グーグルの検索経由の集客対策**は必須事項となります。なぜなら、グルメサイトを始めとしたポータルサイトの需要が軒並み下がっているからです。

Googleトレンドを使って、「ぐるなび」「ホットペッパー」「食べログ」「居酒屋」というキーワードで検索した人がどれくらいいたのかを調べたところ、2005年に最も検索されていたのは「ぐるなび」でした。つまり、飲食店を探す場面では真っ先に「ぐるなび」で検索する人が多かったわけです。

それが2010年あたりから減り始め、一方で「居酒屋」というキーワードが伸びてきました。さらに、日本でiPhone4が発売された2010年あたりを分岐点として、スマホの普及率が上がり始めました。これにより、消費者のお店選びに**大きな変化**が生まれます。

検索結果の正確さ、GPS機能の便利さから**屋外で探すシーン**が増えたのです。

屋外で検索するシーンが増えたことで、「近くの居酒屋」「近くのイタリアン」「近くのカフェ」というふうに、「近くの○○」と検索する人が増えてきました。すると、消費者は「あれ？　グルメサイトは探しにくいな」と気づき始めたわけです。

本当にグルメサイトの需要がなくなったのかを確認するために、私は300人の方にアンケートを取りました。「SNSで飲食店を探す際に、一番はじめに立ち上げるアプリは何ですか？」という質問です。

一位は、ヤフーやグーグルなどの**ブラウザ検索**です。Googleマップの検索と合わせると、「キーワード検索」をする人が70％を超えました。つまり、グルメサイトが飲食店探しのファーストチョイスではなくなったということです。

この結果を見ても、キーワード検索対策が必須であるということをご理解いただけるはずです。

メディアを攻略するポイント

スマホの登場で、自社ホームページ、ブログ、ツイッター、フェイスブック、インスタグラム、YouTube、Googleマイビジネス、LINE公式アカウント、noteなど多くの集客手段が選択できるようになりました。

しかし、多くの経営者は新しいメディアが出現する度に「使い方がわからない」「何を投稿していいのか、ネタが思い浮かばない」「やってはいるけれど効果があるのかわからない」などの壁に当たるケースが多いようです。

実は、この問題を解決するのは簡単です。全てのメディアを攻略する際に共通することは、**顧客の知りたいニーズに応えること**です。つまり、**お客様から寄せられた質問**がネタ帳となります。

今まではお客様から寄せられた質問は、その場で1人のお客様だけに回答していたかもしれませんが、これからはお客様からいただいた質問はその場だけで終わらせずに、質問に対する回答をSNSやブログで発信してください。例えば、次のような質問が寄せられた時はチャンスです。

・この日本酒に合う料理は何ですか？
・カクテルとチューハイの違いは何ですか？
・テイクアウトは今でもやっていますか？　何時まで受け付けていますか？
・クリスマスディナーの予約はいつ頃からできますか？
・浴衣にはどのような髪型がおすすめですか？
・ボブの内巻きにしたいのですが、ヘアアイロンを使わなくてもある程度内巻きにできますか？
・10月31日まで持つようにハロウィンネイルをしたいのですが、いつ頃お店に行けばいいですか？
また、ネイルを長持ちさせるためにはどうすればいいですか？
・肩こりを解消する自宅でできるストレッチはありますか？
・リモートワークで座っている時間が長いので、腰痛対策のクッションでおすすめはありますか？

…このようなお客様から寄せられた質問はその場で答えて終わりにせず、メモをして、情報発信のネタにしてください。スタッフにも周知して、店舗全体でお客様の質問を集めましょう。日常の店舗運営も忙しいとは思いますが、これからの時代は自社メディアの運用をコツコツとやるべきです。

私がコンサルティングをする場面では、時にはアルバイトの方を含めスタッフ全員を集めて、キーワードの選び方やタイトルのつくり方、構成まで細かくブログの添削を行なうことがあります。

「小屋は無茶なことを言うなあ」と渋い顔で煙たがられることもあります。

しかし、私は本書で紹介した事例のように、コツコツ積み上げた投稿の一つひとつが1年先も2年先も集客し続けてくれることを知っているからこそ、しつこくおすすめしています。

頑張った3年前の自分を褒めたいと思う時が必ず来るからです。

以前は、大手ポータルサイトや雑誌に広告費を払うしか集客する方法がありませんでしたが、今は無料で宣伝ができる時代になりました。自分の情報発信で、集客をコントロールできるのです。

こんなに良い時代はありません。

今日も一つだけ何かを積み上げていきましょう。

株式会社ＢｕｚｚＣｒｅａｔｅ（バスクリエイト）　小屋真伍

著者略歴

小屋 真伍（こや しんご）

株式会社BuzzCreate（バズクリエイト）代表取締役

1982年鹿児島市生まれ。

鹿児島高専卒業後、ダイダン株式会社に入社。

その後、株式会社リクルート・HotPepper事業部に入社。

2013年10月独立起業。

㈱リクルート在籍から現在に至るまで約5,000店以上の店舗経営者に、ビジョン策定、広告戦略の提案を行なう。

高額な広告費を使い、疲弊する広告戦略ではなく、少額予算で店舗に合った優良顧客を獲得する手法を伝えたいという思いでBuzzCreateを立ち上げる。

スマートフォン対応ホームページやSNS、WEB広告を使ったWeb集客のコンサルティング事業を展開。机上の空論ではなく、自分自身で実践し、確立したノウハウを元にコンサルティングを行うことをモットーとしている。

自身で運営しているブログは年間34万アクセス、LINE登録者数は仕組み化し、毎年1,000人登録、YouTube総再生回数3,000万、Instagramフォロワー2,500名、Facebookグループ3,000名を超える。

現在はnoteを研究中で130日以上連続投稿を継続中。

集客ノウハウセミナーはGoogleマイビジネス・Instagram・note・LINE公式アカウント・YouTube・Facebook広告・グルメサイトとの付き合い方など。

集客ノウハウを実践するためのオンライン作業会「大人の自習室」を毎週開催。

公式ホームページ https://buzz-create.com/

集客ノウハウ満載のnote https://note.com/shin58

Facebook https://www.facebook.com/shingo.koya.3

読者特典

特典映像 Googleマイビジネスを活用した新規集客セミナー【MEO対策入門編】

スマホで「福岡 居酒屋」といった「地名＋ジャンル名」で検索するシーンが増えたことで、店舗経営者にとってGoogleマップからの集客は必須になりました。

そこで、Googleマイビジネスを活用した集客ノウハウを公開したセミナー映像を無料プレゼントします。LINE公式アカウントにご登録後、「MEOセミナー動画希望」とメッセージをお送りください。

※この企画は予告なく終了する場合があります。早めのご視聴をおすすめします。

CHAPTER 02

閑散期に売上げアップ！年賀状キャンペーン

トオチカヘルスケア 遠近教一

鳥取県米子市で、整体とエステの複合店「トオチカヘルスケア」を経営している遠近《とおちか》教一です。

整体とエステの複合店は珍しくはありませんが、私が目指しているのは**整体とエステが合体した店舗**です。体の内側を整える整体と、体の外側を整えるエステは、実は同じゴールを持っていると思っているからです。

例えば、ダイエットをしたら腰痛や便秘が治ったり、整体をしたら小顔になって体重も減るなど、嬉しいおまけがついてくるのが本物の美容であり、整体であると考えています。

私自身、過去に25キロのダイエットに成功した結果、30年来のヘルニア腰痛や、注射を打つほどひどかった首・肩こり、頭痛が一切なくなりました。そして、今現在健康体を20年近く維持できています。

そんな私の昔の話を少しだけお読みください。

私は若い頃はテニスばかりしていました。大学卒業後は趣味が高じてテニスクラブに就職し、テニスコーチをしていました。

しかし、35歳の頃、テニスのやり過ぎからか、引きちぎれるような激痛で首が全く動かなくなり、やむなくテニスを引退しました。

その後、運動は全くやらず、当時のグルメブームに乗って外食ばかりしていたので、どんどん太ってしまいました。最盛期には90キロまで太っていたことを覚えています。

もちろん、体調は悪く、階段を上るとすぐに息が切れ心臓がドキドキしました。さらに、久しぶりに遊びでテニスをしたら、ブチッ！と嫌な音がして、アキレス腱の上を筋断裂してしまいました。

なんと情けない体になったものでしょう。しかも、この体型は一体何？　テニスコーチの頃は、黒ヒョウのように日焼けしてテニスコートを走り回っていたのに、この太った姿でこれからの人生を送りたくはありません。

「なんとかしなければ！」毎晩必死に考えました。

そういえば、高校生の頃は医者やカイロプラクター、トレーナーになりたいという夢を持っていたことを思い出し、「今からでも整体師になれるかもしれない」「首も腰も痛いので、これを治したい」との思いで、整体の専門学校に入学しました。年齢は既に39歳になっていました。

若い生徒の中におじさんが混じって一生懸命学びました。そして、2年間の修行の後すぐに**整体院**を開業しました。
また、外食はやめて、趣味のテニスも復活。毎日1人で汗をかきながら一生懸命仕事をしたら、体重が10キロ減りました。「よし、いいぞ！」と調子に乗り、さらに努力をしたところ、さらに10キロ減り、最後はヨガを習うことで、さらに5キロ落ちました。
最盛期の90キロから65キロへと、トータルで25キロものダイエットに成功したのです。（知人からは「病気になったのでは？」と心配されるほど痩せましたが、本人はいたって元気でした）
そして、気がつけば、高校生の頃からのヘルニア腰痛や、テニスを引退に追い込んだ首・肩こりも全く影を潜めていました。体調も気分も上々。40歳台にして、人生で**最高のコンディション**を手に入れることができたのです。

こんなおじさんでも成功できた健康ダイエットを他の人にも味わってもらいたいという思いから、私は「正しいダイエットは健康と美容の原点である」ことを確信し、整体とエステを合体させた店舗を開店させたのです。

そんな私のお店がこれまで20年以上経営し続けてこれたのも、様々な**販売促進**にチャレンジしてきたからです。

なかでも特におすすめするのが、今回ご紹介する販促手法**「年賀状キャンペーン」**です。

閑散期の売上げアップに貢献する「年賀状キャンペーン」

この企画は10年ほど前から毎年行なっているもので、その効力は全く落ちないどころか、逆に年々売上げが上がっています。

整体やエステ業界では、クリスマスや年末までは「寒くなって体が痛くなった」や「1年の締めくくりに体のメンテナンスをしたい」「年末までにダイエットをしたい」などの理由で、売上げが上がっていきますが、年が明けて1～2月あたりは売上げが落ちてしまいます。閑散期ですね。

特に私が住んでいる米子市は雪が降る地域なので、2月は非常に厳しい売上げとなってしまいます。最近は暖冬で、年々降雪が少なくなりましたが、いつまた寒冷期に入るかは予想できません。何日も連続で大雪が降り続いたり、最低気温がマイナス4度になって水道管が凍ることもあるほどです。

そんな冬の売上げは散々なものでした。完全に赤字で、おおいに悩んだものです。

そのような状況の中、10年くらい前にある家具屋さんの販促事例を真似して、「年賀状キャンペーン」を実施したところ、これが**大当たり!**

それ以降、毎年新年の恒例行事となり、1~2月の閑散期にしっかりと売上げが立つどころか、それ以外の月の2倍以上売れることもあり、安心して新年を迎えることができるようになりました。


また、そこで出た利益（余剰資金）を使って、繁忙期である3~4月の宣伝広告費にも使えるという大きなメリットも得られるようになりました。

さらに、会社を経営していると消費税やその他の税金の納付があります。これらは決して小さな金額ではありません。しかし、それらは優先的に納付しなければならないので、売上げを上げやすい繁忙期前に広告宣伝費が捻出できない、という最悪の事態に陥る危険性があります。

その最悪の状況を回避するために、「年賀状キャンペーン」で生み出した余剰資金はとても大きな働きをしてくれるのです。

私と同じような悩みを持つ店舗経営者の方には、きっと役に立つ内容だと思います。

また、もともと家具屋さんの事例を応用したものなので物販ビジネスでも使えるし、飲食店の方にもおすすめの施策です。じっくりとお読みください。

「年賀状キャンペーン」の具体的な企画内容

まず最初に、当店の売上げ（２０１８〜２０２０年の３年間の実績）をお伝えします。

２０１８年　１月２１８万円・２月１６１万円（月平均売上げ１００万円）
２０１９年　１月２６０万円・２月１８２万円（月平均売上げ１１０万円）
２０２０年　１月２１８万円・２月１８６万円（月平均売上げ１５０万円　※見込み）

いかがですか？　閑散期であるにも関わらず、他の月に比べて１〜２月の数字がかなり高いことをご理解いただけると思います。毎年このような数字が出ています。

次に、具体的な企画の内容をお伝えします。

やり方はいたってシンプルです。誰にでも理解しやすくて、ゲーム性もあり、ワクワクするイベントです。小学生でもおじいちゃんやおばあちゃんでも参加できます。

年賀状の右下に**お年玉抽選番号**が印刷されていますよね。この番号を利用します。

まず、当店で事前に**「今年のラッキーナンバー（１つの数字）」**を決めておいて、お客様の年賀状のお年玉抽選番号の中にラッキーナンバーと合致するものがあれば、お店の商品やサービスを割引するという企画です。

例えば、今年は令和２年ですから、ラッキーナンバーを「２」にしたり、西暦２０２０年だから、ラッキーナンバーは「0」というふうに決めます。

そして、お客様の年賀状の中にラッキーナンバーが1つあれば5%オフ、2つあれば10%オフ、3つあれば15%オフというふうに、割引率が5%ずつ上がっていきます。(年賀状の抽選番号は6桁なので、理論上は最大30%オフとなりますが、過去30%オフになったお客様はいません)

お客様には1枚の年賀状の中にラッキーナンバーが一番たくさんある年賀状を1枚だけご持参いただきます。

割引対象となるサービスは、整体とエステ(ボディー・フェイシャル・脱毛)、ダイエット、小顔矯正、O脚矯正などの施術メニュー全てのサービスで割引を適用します。ただし、化粧品やサプリメントなどの物販は利益率が低いので、当店ではキャンペーン対象外としていますが、割引率が合うお店の場合は物販にも利用できると思います。

また、1枚の年賀状で複数のサービスを購入することができます。(整体回数券とダイエットコースなど)売りたいサービスが複数あるのなら、「1年で一番お得な今購入しておいてください」ということでおすすめしやすくなります。

さらに、1枚の年賀状で家族全員分のチケットを購入することもできます。このルールにより、**「お客様の家族」という新しいお客様**を増やすことができるようになりました。

そして、家族の年賀状も有効としています。これにより、「おじいちゃんの年賀状が一番多い!」というふうに家族内で楽しい話題が生まれることを期待して。

「年賀状キャンペーン」企画の告知法

企画の告知は、**ＤＭ（ダイレクトメール）**と**店内ポスター**で行ないます。ＤＭは毎年５００通ほど送っています。

ＤＭと店内ポスターは前年末までに作っておきます。以前失敗したことがあるのですが、年初めにＤＭ作りをスタートしたところ、作成作業にかなり時間がかかってしまい、発送がずいぶんと遅れてしまいました。

また、年始は発送業者も休業である場合が多いので、年末までに早めに準備をしておくことをおすすめします。

ただし、12月には告知をしません。12月後半は年末年始の営業の予定だけを伝え、新年初売りの福袋などの企画の案内をします。**「年賀状キャンペーン」による買い控えを防ぐためです。**

キャンペーン期間は、年始（1月5日頃）からスタートし、1月末までとします。一旦1月末で締め切りますが、年賀状を見るのが遅い方もいるので、例えば「ＤＭの発送が遅れたため」や「雪の日が多くて来店できない人がいた」などの理由をつけて、2月末まで実施することもあります。2月は一番寒い月なので、この時期の売上げアップは経営的にとてもありがたいですね。

ちなみに、企画の延長については、既に購入した人にデメリットはないのであまり気にしないようです。それだけではなく、「やっぱりこのメニューも買っておこう」と追加購入してくれる人もいるほどです。

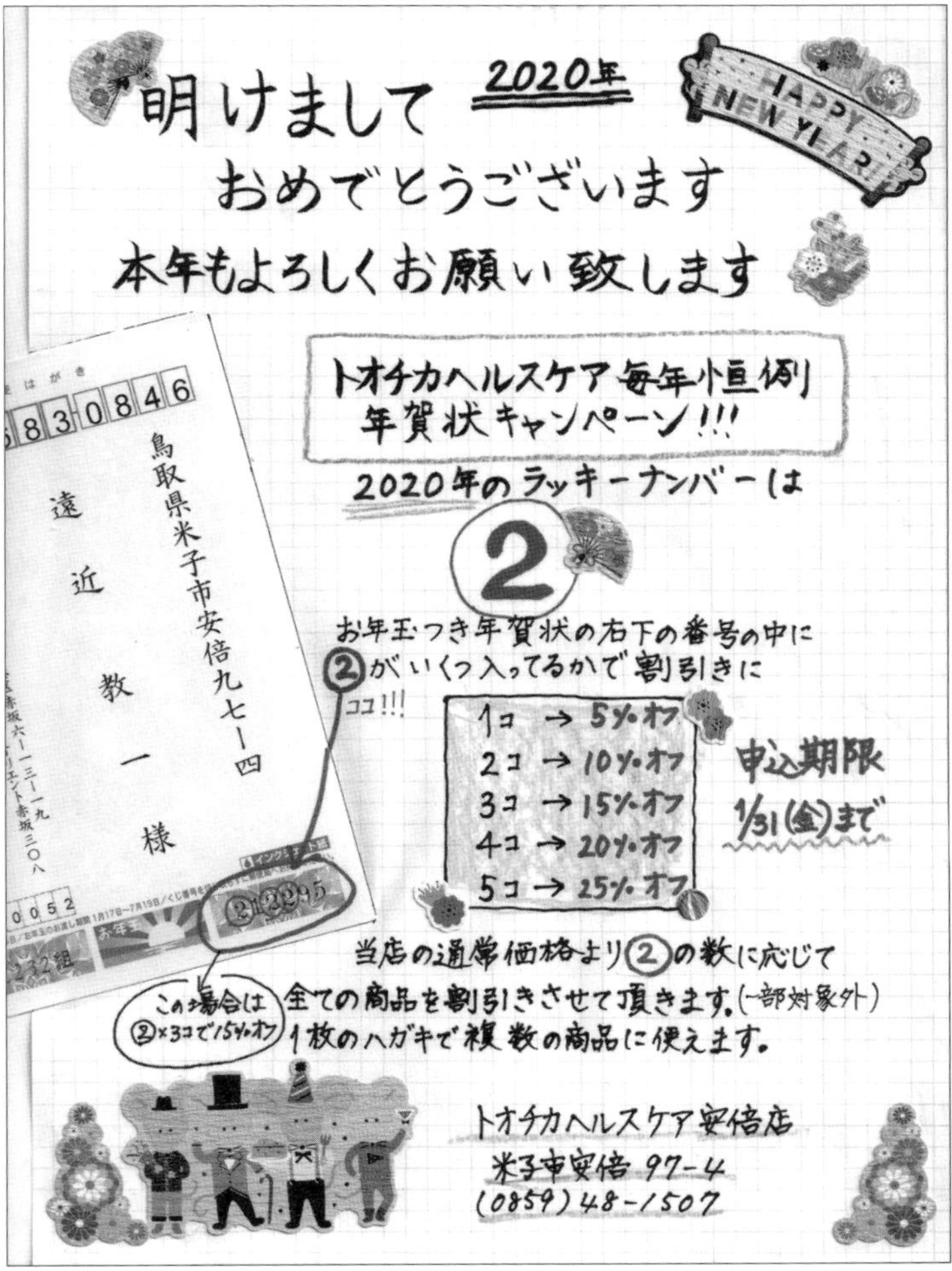

2020年1月に送ったダイレクトメール1枚目

年賀状キャンペーン料金一覧

1/31（金）まで申込受付！

※1枚のハガキで複数購入可能
※施術料金以外の店販商品も対象
（ココナッツオイル・MCTオイル・各種サプリメント・プロテインは対象外）

当店の通常価格（コース含む）より②の数に応じて割引き!!!!

☆お支払いは現金・クレジットカード・各種ギフト券・商品券が使えます☆

整体・エステ	②×1コ 5%オフ	②×2コ 10%オフ	②×3コ 15%オフ	②×4コ 20%オフ	②×5コ 25%オフ
1回　5,500円	5,225円	4,950円	4,675円	4,400円	4,125円
5回券（4%オフ済）26,400円	25,080円	23,760円	22,440円	21,120円	19,800円
10回券（10%オフ済）49,500円	47,025円	44,550円	42,075円	39,600円	37,125円
20回券（20%オフ済）88,000円	83,600円	79,200円	74,800円	70,400円	66,000円

脱毛（通常価格より10%オフのコース料金よりさらにお値引き）					
両わき6回　13,500円	12,825円	12,150円	11,475円	10,800円	10,125円
VIO 6回　27,000円	25,650円	24,300円	22,950円	21,600円	20,250円
両うで6回　54,000円	51,300円	48,600円	45,900円	43,200円	40,500円
両あし6回　81,000円	76,950円	72,900円	68,850円	64,800円	60,750円
全身6回　288,000円	273,600円	259,200円	244,800円	230,400円	216,000円

ダイエットコース（お得なコース料金よりさらにお値引き）					
−5kg目標コース（通常）165,000円	156,750円	148,500円	140,250円	132,000円	123,750円
−7kg目標コース（通常）330,000円	313,500円	297,000円	280,500円	264,000円	247,500円
−10kg目標コース（通常）550,000円	522,500円	495,000円	467,500円	440,000円	412,500円

トオチカヘルスケア安倍店 (0859) 48-1507

2020年1月に送ったダイレクトメール2枚目

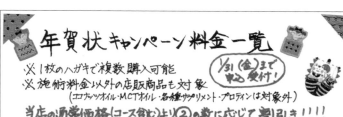

繰り返しますが、鳥取県の冬は本当に寒いので、お店側がアクションを起こさなければ真冬のお客様は積極的に動いてくれません。そこで、1年で一番お得なキャンペーンであることを宣伝文句にして、**お客様を家から引っ張り出す作戦**です。そのために、まだ来店していないお客様には電話をかけて企画をお知らせすることもあります。

「こんにちは。毎日寒いですが、お元気ですか？　今年も恒例の年賀状キャンペーンをやっていますので是非ご利用ください！」というふうに。

このように、積極的にアクションをすることで企画を成功に導くことができます。

「年賀状キャンペーン」企画の様々なメリット

次に、「年賀状キャンペーン」企画のメリットを説明します。

まず、この企画は基本的に**既存客への販売促進策**となります。整体やエステ店では、既存客の維持とリピート促進が最重要課題なので、利益率はやや落ちますが、既存客の維持とリピート促進には非常に有効な企画となります。特に、ベテラン客はこのキャンペーンで1年分のサービスを購入してくれる方も少なくありません。

もちろん、初めて来店する**新規客**にも良い効果が生まれます。新規客に対して「ラッキーですね！実は今、1年で一番お得なキャンペーンをやっているんですよ！」とお伝えすることで、エステコースの購入につながったり、リピート率が上がる効果も得られます。

さらに、**紹介客の獲得**にも有効です。キャンペーン期間中に商品を購入してくれたお客様に対して、「今が1年で一番お得な時期なので、お友達の方で健康に悩んでいたり、整体やエステをしたいと思っている方に教えてあげてくださいね」と言って、余分にDMチラシを渡すことで紹介客を増やすことができます。

「年賀状キャンペーン」は**客単価アップ**にも効果を発揮します。お客様は回数券をたくさん持つとどんどん使ってくれるようになります。これにより、お客様の回転率が上がります。

また、2~3枚の回数券で利用できる高額メニューやオプションメニューもおすすめしやすくなります。「このメニューもやってみませんか？　おすすめですよ」と声をかけるわけです。回数券は現金ではないので、たくさん持っているとどんどん消化してくれます。

高額商品のリピート購入も増えます。15~50万円のダイエットコースを終了した方の中には「もう少し続けたいな」と思っている方もいますが、それが高額だとリピートしづらくなります。

しかし、コースの終了時期と「年賀状キャンペーン」の時期が合致すれば、格段にリピート購入しやすくなります。

また、この企画を利用して、**新メニューの販売**につなげることもできます。例えば、1月は通常チケットのキャンペーン販売として、2月は新メニューのお披露目販売という形にして「年賀状キャンペーン」を継続するのです。

「年賀状キャンペーン」はとてもシンプルな企画ですが、メリットだらけの企画といえますね。

「年賀状キャンペーン」のデメリット

ただし、「年賀状キャンペーン」にはデメリットもあります。その部分についても包み隠さずにお伝えしますね。

まず、ラッキーナンバーが4つで20％オフになる方は毎年必ず数人現れます。ここでオーナーは「損した」と思って暗い顔をしてはいけません。逆に、「今年一番の大当たりですよ！　良い1年になりそうですね」と言って祝福してあげましょう。大当たりしたお客様は、来年以降も必死に年賀状番号を探して必ず商品を購入してくれますので、長い目で見るようにしましょう。

また、利益率は確実に下がりますので、**高額メニュー**を用意しておくことをおすすめします。もし、現時点で高額メニューがなければ、いろいろなメニューを組み合わせることで高額商品を開発することができます。当店では、「整体５５００円＋小顔矯正６５００円＝１万２０００円」というメニューや、これに「O脚矯正５５００円」を加えた1万７５００円などの高額メニューを用意しています。それ以外に、15～50万円のダイエットコースや、脱毛メニューなどの高額コースもあります。

高額商品・時間短縮メニュー・値上げ

店舗経営をする上で「高額商品を用意すること」「時間短縮メニューをつくること」「値上げをすること」はとても重要です。これを理解している人は多いですが、実際に実行している方は少数派です。

しかし、「年賀状キャンペーン」があれば必ず商品が売れていきますので、高額商品や時間短縮メニューをつくること、値上げをすることに勇気ときっかけを与えてくれます。本書を通して最もお伝えしたいことは、実はこの部分なのです。

単純な値引きや安売りをしてしまうと、大企業には勝てません。事実、千円居酒屋はなくなりましたよね。60分2980円の個人経営の安売りマッサージ店もいずれなくなるでしょう。

逆に、今よりも付加価値をつけた高額商品を持っていれば、そこから値引きをすることもできます。整体の業界では、**客単価1分150円以上**が利益を残しやすいといわれています。30分4500円、1時間9000円などの価格帯です。これが最低ラインとなりますので、価格設定は値引きに耐えられるように設計する必要があります。

例えば、回数券やコースメニューを定価の20％オフとする場合、今回の「年賀状キャンペーン」でラッキーナンバー4つでさらに20％オフする必要がありますから、80％×80％＝64％となります。つまり、36％オフということです。これに対して、目指すべき最低ラインが1時間9000円なので、9000÷64％＝1万4062円となります。つまり、**1時間1万4000円**を軸にして、それぞれの商品の価格帯を決めるようにしてください。

商品に付加価値をつける方法

先ほど「付加価値をつける」といいましたが、これを難しいと感じている方もいるかもしれません。でも、安心してください。「付加価値をつける」ことはそれほど難しいことではありません。

まず、人は楽しいことが好きですから、**お客様を楽しませること**が大きな付加価値になります。

「年賀状キャンペーン」はその代表例です。当店のお客様は年末年始が近づくと、みんなニコニコしながら、「今年も年賀状キャンペーンはあるのですか?」と聞いてきます。そこで、私は「もちろん今年もやりますよ! 年賀状からラッキーナンバーを探しておいてくださいね」と伝えます。そこで、ラッキーナンバーが複数あれば、とても喜んでくれます。つい、少し多めにチケットを購入してくれるお客様も増えたり、家族の分もついで買いしてくれる人が現れます。

この**楽しい雰囲気**が付加価値になるのです。

また、**「物語」**を伝えることも大きな付加価値となります。

「商品を売りたければ、商品をＰＲするな。商品スペックを語らずに、ストーリーを語れ」という言葉を聞いたことがある方も多いでしょう。

「なぜ、このお店をやっているのか」「大失敗をしてしまった」「奇跡的な出会いがあった」「間違いから偶然新メニューが生まれた」「25キロ痩せて、ヘルニアが治った」など、あなたやあなたのスタッフ、お店や商品には必ず「物語」があるはずです。実は、それこそがお客様が一番知りたいことなのです。

このように、「物語」をしっかりと打ち出して語ることが最高の付加価値になるのです。

変化や**進化**も大切です。「年賀状キャンペーン」のような企画を活用することで、お客様に高額商品や新商品を試すきっかけを与えてあげましょう。

お客様は待っています。あなたが新しくて楽しい提案をすることを。

また、「年賀状キャンペーン」は、**夏の暑中見舞い**でもそのまま応用できます。かもめーるハガキにも抽選番号がついていますからね。

年賀状に比べて受け取る枚数は少ないかもしれませんが、「2・8（ニッパチ）」というように2月と8月は売上げが落ちる時期ので、暑中見舞い企画をやることで売上げを上げることができます。

また、楽しいイベントは毎月行なうことをおすすめします。当店では「年賀状キャンペーン」以外にも様々な楽しい企画を行なっているので紹介します。

大人気イベント「チョコレート綱引き」企画

「年賀状キャンペーン」が終わった後の2月は、1日から2月14日まで大人気イベント**「チョコレート綱引き」企画**を行ないます。（下画像参照）

事前に大小さまざまなチョコレートを用意しておいて、チョコに紐をくくりつけます。紐は70～80センチの長さで20～30本をまとめて大きな箱に入れます。

そして、施術が終わった後に、「ハッピーバレンタイン！　お店か

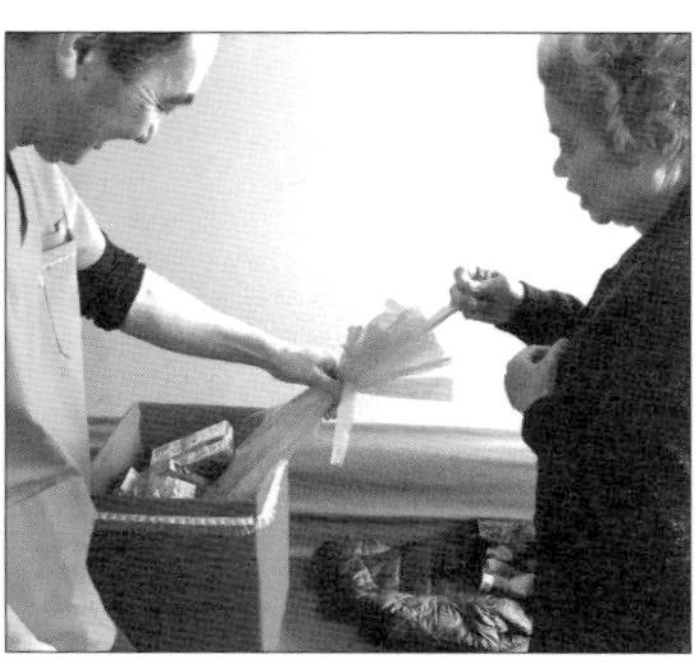

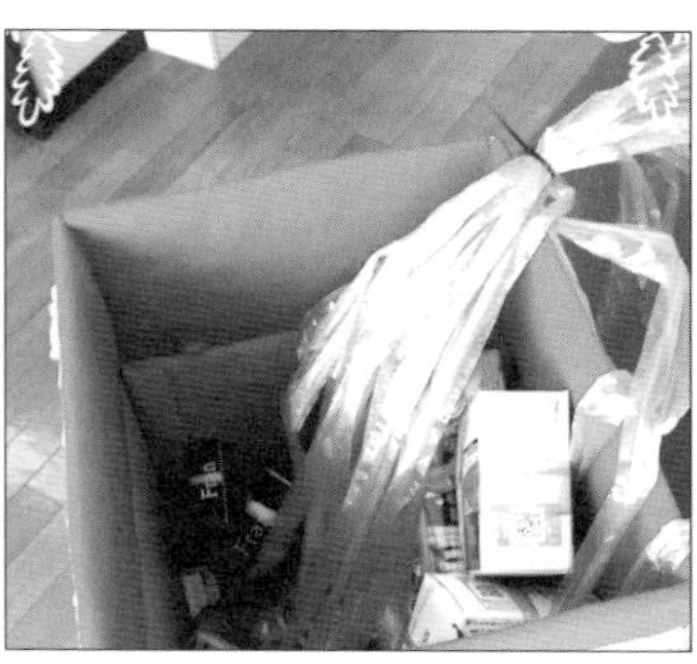

らのバレンタインプレゼントです」と元気のいい声で大箱を差し出し、お客様に紐を1本引いてもらいます。どんなチョコが出てくるのか。みなさん、ワクワクしながら引っ張ります。

「こんなに大きなチョコレートをもらっていいんですか?」「ありがとうございます、嬉しい!」と興奮気味に喜んでくれます。そこで、「食べすぎには注意してくださいね」などと言いながら、**お客様とスタッフの2ショット写真**を撮影します。

写真は賑わい感を出すために店内に貼り出したり、お客様にプレゼントしたりします。また、許可を取って、メルマガやニュースレターに使うこともあります。期間中に写真が50~100枚ほど集まります。

この企画も10年ほど前からやっていますが、最初は力を入れすぎて、ゴディバなどの高級チョコを用意していましたが、お客様はチョコの中身よりも綱引きを楽しんでいることに気づき、それ以降は量販店でいろいろなサイズの安価なチョコレートをたくさん用意して楽しんでいただいています。

企画の期間は2週間なので、その間に2~3回来店した方にはその都度綱引きをしてもらいます。そのほうが単純に面白いし、チョコレートをもらえたら嬉しいですよね。

また、お友達や家族と一緒に来た人など、施術を受けない人も綱引きをやっていただきます。当然ですよね。彼らは**未来のお客様**ですから。たまたまついてきた子供たちは大喜びですよ。

さらに、宅配便のお兄さんやダスキンのお兄さん、郵便配達の方や保険の外交員さん、営業に来たお兄さんにも全員にプレゼントしています。太っ腹でしょ!(いやいや200円程度です)

当店ではこれ以外に「お雛様キャンペーン」「新社会人キャンペーン」「春の体リセットコースキャンペーン」「花粉症対策コースキャンペーン」「正月太り解消ダイエットキャンペーン」「ゴールデンウィーク短期集中ダイエットキャンペーン」「夏までにツルピカ脱毛キャンペーン」「雪の日キャンペーン」「雨の日キャンペーン」「お誕生日プレゼントキャンペーン」などの企画を毎月実施しています。

楽しい企画にはお客様が集まる！

整体やエステでは、技術やテクニックばかりを学んだり、高額な機械に依存している人を多く見かけます。彼らを否定はしません。私も以前は完全にそのタイプの人間でしたから。

でも、お客様は技術やテクニックだけを望んでいるわけではありません。20年間経営してきて、ようやくそのことに気づくことができました。

今回「年賀状キャンペーン」について解説するために執筆しましたが、高額商品の開発や付加価値づくりにまで話が広がってしまいました。でも、ここまで深くお話しすることで、**ヒットする企画をつくる方法**をしっかりとお伝えすることができたと思います。

是非あなたのお店でも楽しい企画で、お客様を楽しませてあげてください。

楽しいお店には自然とお客様が集まります。つまり、あなたのお店が繁盛するということです。

トオチカヘルスケア　遠近教一

著者略歴

遠近 教一（とおちか きょういち）
トオチカヘルスケア 代表

1956年横浜市生まれ。

大学までテニス一筋のバリバリの体育会運動部で、国体出場の経験もあり。大学卒業後、テニスクラブに就職し、テニススクールを運営。（東京、横浜、鎌倉）

その後、鳥取初となるテニススクールを開校し、ヘッドコーチを務める。精力的にジュニアや一般の指導にあたっていたが、34歳の時に首を壊して引退。テニス引退後は、千葉県市川市、浦安市にて輸入雑貨・玩具店を経営。運動不足と外食続きのために肥満となり、調不良の日々を過ごす。

40歳の時に、高校生の頃の夢を思い出し、自分の体を改善するために整体の専門学校へ入学。43歳で、第2の故郷である鳥取県米子市に、整体院「トオチカヘルスケア」を開業。同時に、ダイエットに取り組み、90kgから65kgへと25kgの減量に成功。その結果、18歳からのヘルニア腰痛や、注射を打つほどひどかった首、肩こりも一切解消。その後20年近く、その状態を保ち続けている。

人生最高のコンディションとなり、これこそが求める本物の整体と美容だと確信し、整体と美容を合体させた店舗スタイルを運営している。

併せて、開業支援や店舗運営のコンサルタントも行ない、好評を得ている。

公式ホームページ https://米子整体.com/
健康ダイエット情報のnote https://note.com/tochika369

CHAPTER 03

成約率3倍！カスタマージャーニーマップのつくり方

株式会社アミ・フェリ 米野敏博

株式会社アミ・フェリの米野《こめの》敏博と申します。

私は様々な業種のクライアントに対して、主にマーケティングとセールスライティングのスキルを活用した広告物の制作を通して、集客のお手伝いさせていただいています。

具体的には、飲食店、歯科医院、ネット通販、コーチやコンサルタントなどの集客や売上げアップのためのチラシ、ダイレクトメール、ランディングページ、販促メールなどを制作しています。

そんなクライアントの悩みで一番多いのが、なんといっても**「集客」**です。ただ、集客といっても、単純にお客様を集めればいいというものではありません。できれば商品やサービスの良さを理解してくれて、いつも感謝の言葉をいただく、長くおつきあいできるお客様が欲しいと思っている方が多いのではないでしょうか。

結果的に、そのようなお客様は値引きを要求しないし、リピート率も高いので費用対効果が高くなります。本書では、そんな**優良顧客を集める方法**をご紹介します。

既にビジネスをしている方なら、誰にでもできる簡単な方法です。特別なスキルは必要ありません。

今日から実践できる方法です。ただ、ほんの少しだけ手間がかかります。

しかし、これを実践すれば優良顧客を集めるだけでなく、既存のお客様を優良顧客に変えることもできるようになります。また、あなたの社員と一緒に実践することで、スタッフ一丸となって集客に取り組めるようになるので、社員のモチベーションが上がる効果もあります。まさに一石二鳥の施策といえます。

そんな優良顧客を集客するポイントは、**適切なお客様に、適切な場所・適切なタイミングで、適切なメッセージを伝えることです。**

そのために必要なことは、たった一つ。**お客様を知ること**です。

「お客様を知る」とは、年齢や性別、仕事、家族構成、名前や顔などの外的なことだけではありません。集客で必要となるのは、お客様の**「行動と感情」**です。

そこで、ある事例を元に具体的なやり方を説明します。業種や販売している商品が異なっても、「お客様を知る」ことでは共通ですから、あなたのビジネスに置き換えてお読みください。

これを読み終わった時には、あなたのビジネスで優良顧客を集めるためにするべきことが明らかになるはずです。

質の高いお客様を集めるには

私のクライアントの中には、自身が売り物の職業、つまり医師や歯科医師、税理士、コンサルタント、コーチ、セラピストなどの職業の方が多くいます。

基本的にお客様と一対一で対応するため、集める**お客様の質**がとても重要になります。もちろん、客数も大切ですが、無理に集客して質の悪いお客様を集めてしまうと逆効果です。散々説明だけを求められて結局契約できなかったり、契約したもののクレームが多かったり、アゴでこき使われるようなことは避けたいところです。

パーソナル・コーチの伊藤さん(仮名)もその一人です。元々は中堅企業の人事部で人材開発に携わっていましたが、そこで知ったコーチングに興味を持ち、**個人向けのコーチング**として起業しました。

彼はフェイスブックやブログ、メルマガなどで情報発信を行なって、無料オンライン体験会に誘導し、商品（1時間の個別セッションを複数回セットにしたもの）を販売するという流れで集客をしていました。この**無料オンライン体験会**の申し込み数を増やしたいので、申し込み用のホームページを制作してほしいとのご依頼が私に寄せられました。

そこで、伊藤さんに話を聞くと、無料オンライン体験会にはポチポチと申し込みはあるものの、その後の個別セッションの成約率があまり良くないとのことでした。

お客様に専門的なアドバイスをするコンサルタントとは違い、コーチングはお客様が行なう問題解決をサポートするものです。お客様自身が強い問題解決意識を持っていなければ良い成果は得られません。時にはアドバイスもするかもしれませんが、基本的に問題解決をするのはお客様自身です。そのため、**お客様の質**がとても重要になるのです。

また、コーチングの成功には、**コーチとお客様の相性**も重要なポイントとなります。お客様を叱咤激励しながら、お客様自身が変わることをサポートしていくわけですから当然です。プロのスポーツ選手でもコーチを変えた途端に成績がアップしたという例は少なくありません。

そこで、伊藤さんにどのようなお客様に体験会に申し込んで欲しいのかを聞いたところ、もっとビジネススキルを磨きたいと思っている中間管理職のサラリーマンが対象で、意欲的な人、問題意識を持って問題解決に取り組む意気込みのある人なら誰でもＯＫとのことでした。

その時私には漠然としたイメージしか浮かばなかったので、既存のお客様にヒアリングをさせてほしいとお願いしたのですが、お客様との秘密保持義務があるので難しいとのことでした。そこで、やむを得ず、その他のいろいろな情報を聞いて無料オンライン体験会の申し込みページをつくりました。

…その結果は散々でした。反応率は以前と変わらないか、少し悪くなったほどです。

「まあ、そんなものですかね」と伊藤さんから慰め（？）の言葉をいただいたのですが、納得できない私は追加料金なしで再チャレンジをすることにしました。

失敗の要因はいろいろあると思いましたが、やはりお客様を知らないため、メッセージがズレているのが一番の問題点だと考えて、徹底的に**「お客様を知ること」**に注力することにしました。

たった1人のお客様にフォーカスする

伊藤さんの場合、お客様の購買ルートはとてもシンプルです。フェイスブックやブログ、メルマガから無料オンライン体験会の申し込みページにアクセスし、体験会に申し込みます。その体験会が気に入れば、個別セッションに申し込むという流れです。

購買ルートはシンプルですが、売っているのはコーチングです。一般的な食品や雑貨などの商品とは違い、無料オンライン体験会に申し込む方には**よほど大きな悩み**があるはずです。その「悩み」を探すために使ったのが**カスタマージャーニーマップ**です。

ステージ	行動	接点	感情	対応策
出会い	・あなたの商品（腕時計）を知る	・広告（チラシ、ネット広告など） ・ショーウインドウ	ちょっと気になる カッコイイ、ワイルドに見えそうモテそう、話題になりそう	もっとターゲットに合ったイメージ写真がいいのだろうか？
リサーチ	・あなたの商品を調べる ・類似商品を調べる	・ホームページ ・検索ネット	自分に合うかな？ちょっと値段が高いかな？ 安かったら買ってもイイけど奥さんに怒られそうだな…店で実物を合わせてみるかな…	来店を促すのなら、「価格の割引あり 詳細は店舗でスタッフにお聞きください」みたいなことを書いたらいいのかな？
来店	・来店	・店舗	見るだけなら問題ないだろうなぁ とりあえず実物を見ないと	もっと入店しやすい雰囲気にしたらどうだろう？
お試し	・商品（腕時計）を着けてみる ・値段を確認、割引の可能性を探る	・スタッフと会話	おぉ、ピッタリ。カッコイイ！気に入った でも高いなぁ〜 欲しいけど買えないなぁ奥さんに何て言われるかわからない	スタッフが、お客様が購入をためらう理由をさりげなく聞くようにするか？どんな聞き方がいいのか調べよう
継続検討	・時々、価格をチェック ・類似の低価格商品がないか確認	・再来店 ・スタッフと会話	えっ？！ バーゲンってあるんだ！ もしかしたら、その時がチャンスかも バーゲンの様子を見よう奥さんの欲しいものもあったから、それとセットで安くなっていたら買えるかも	お客様が手に入れやすくなるチャンスを示すのも有効だな。こちらからコンタクトできるように、連絡先をもらう仕組みを作るか
	・ネットオークションのチェック	（オークションサイト）	掘り出し物はないかな？ 中古でもイイものがあればお買い得だ	せっかく興味を持ってもらったのに、危ない！ウチでしか買えないという理由も作らないと。ウチで買ったらメンテナンスとか保証が付くとか
本商品購入	・バーゲンの時に購入 ・奥さんのアクセサリーを同時購入	・バーゲンのチラシ ・来店 ・スタッフとの会話	ヤッタァー 少し安くなっている 奥さんへの口実もできたぞ	家族や購買決定者へのプレゼントなどを付けるというのも手だな

カスタマージャーニマップ事例

ここで、カスタマージャーニーマップを知らない方のために、オリジナル腕時計を制作・販売している店舗の具体例を元に説明します。

（上画像参照）

カスタマージャーニーマップとは、お客様の行動と、それに紐づく感情や思考などの動きを時系列にまとめたものです。

お客様の行動の全体像を可視化することで、今まであなたの商品を検討さえしていなかったお客様の新たなタッチポイントを発見したり、適切な情報を届けることができるようになります。

つまり、**今以上に売れる可能性が高まる**ということです。

このカスタマージャーニーマップは要点さえ掴んでいれば、どのようなフォーマットでもOKです。まずはカスタマージャーニーマップのつくり方をしっかりと理解してください。

「たった1人のカスタマージャーニーマップ」のつくり方

通常、カスタマージャーニーマップは会社内で優良顧客を想定して、マーケティング施策を考える時に使われることが多いのですが、今回は、**「たった1人のお客様をよく知る」**ために使いました。

もちろん、「たった1人」では偏ってしまう恐れがあるので、伊藤さんにお願いして、なるべく多くの「たった1人のカスタマージャーニーマップ」をつくることにしました。結果的に、つくったのは7人のお客様のカスタマージャーニーマップです。そこで、伊藤さんの優良顧客であるAさんを例に「たった1人のカスタマージャーニーマップ」のつくり方をご紹介します。

優良顧客Aさんは中小企業に勤めている30代後半の管理職です。部下のマネジメントが上手にできないと感じていたので、マネジメントの勉強をしようと思ってはいるが、仕事や夜のつきあいなどで忙しく、また休みの日は家族サービスでなかなか時間が取れないと悩んでいました。

●ステップ1　既存のお客様から商品購入までの行動を聞き出す

・伊藤さんと出会う前

マネジメント関連の本を読んでいた時に、「コーチングのスキルがあれば、部下のマネジメントに役立つ」という内容が書かれてあった。

そこで、インターネットでコーチングについて調べたものの、特に行動は起こさなかった。

・伊藤さんとの出会い

ふとしたことからフェイスブックで伊藤さんの投稿記事を読んだ。そこには、伊藤さんがコーチングを受けてマネジメント関連の資格が取れたことが書かれていた。その時は、「マネジメントの資格勉強のためにコーチをつける人もいるんだな」という軽い感想しかなかったが、とりあえず「いいね！」だけ押した。その後、フェイスブックで時々伊藤さんの投稿が気になるようになる。

そんなある日、伊藤さんが無料オンライン体験会を行なうことを知り、申し込みページを見たが、体験会で何を話せばいいのか、どのような効果があるのかなどと悩み、結局申し込みはしなかった。

・伊藤さんと初コミュニケーション

ある日、部下のマネジメントの失敗で落ち込んで帰宅。その時、伊藤さんのフェイスブックに初めてコメントを入れた。すると、伊藤さんから励ましと、自分も似たような体験があるとの回答をもらい、信頼のおける人だと思うと同時に、親近感を感じた。

その時に友達申請をし、その後伊藤さんのメルマガにも登録した。

・無料オンライン体験会に申し込み

メルマガで無料オンライン体験会の開催を知り、伊藤さんと直接話をして今の自分に何かアドバイスをもらえないかと思い、申し込んだ。

・無料オンライン体験会参加・個別セッション申し込み

オンラインでの初めての会話だったが、昔から知っているような感じがして、気軽に自分の悩みや目標を話すことができた。伊藤さんと相談しながら、マネジメントの勉強をするという目標を達成できるのではないかと思い、個別セッションに申し込んだ。

ワンポイント・アドバイス

あなたやあなたの商品に出会う前の状況を聞き出しましょう。その上で、最終的に商品を購入する、またはリピートするまでの道筋を細かく聞くようにしてください。

お客様の様子を見ながら、一度で難しい場合には複数回に分けて聞いてもいいでしょう。

大切なお客様であることを伝えて、相応のお礼をすることをおすすめします。

●ステップ2 「行動」と「接点」を時系列に書き出す

Aさんの「行動」と「接点」を時系列に書き出してみます。

①インターネットでコーチングについて調べた
②フェイスブックで伊藤さんの記事を読んだ

③フェイスブックに「いいね」をした
④フェイスブックの記事を何度か読んだ
⑤無料オンライン体験会の申し込みページを見たが申し込まなかった
⑥フェイスブックにコメントを入れた
⑦フェイスブックの友達申請をした
⑧メルマガに登録した
⑨無料オンライン体験会の申し込みページを見て申し込んだ
⑩無料オンライ体験会に参加した
⑪個別セッションに申し込んだ

本書ではわかりやすく説明するため、「ステップ1」と「ステップ2」に分けましたが、実際には、事前に伊藤さんにカスタマージャーニマップの書き方を説明し、お客様にヒアリングしながら、「行動」と「接点」をメモしていただきました。そうすることで、もれなくヒアリングすることができます。

もし、ヒアリングの途中で「行動」がつながらないようでしたら、その時に何があったのかを思い出してもらうようにしてください。伊藤さんの場合も、Aさんは最初の段階で無料オンライン体験会に申し込まなかったことを初めて知ることができました。この段階では、できる限り詳細な時系列で聞くことが大切です。

特に、最初の出会いはお客様によって様々です。優良顧客の集客が目的であれば、闇雲に情報発信をすればいいのではなく、**どこで出会いがあったのか**はとても重要なポイントとなります。

また、お客様は必ずしもスムーズに商品を購入してくれるとは限りません。その途中段階で、お客様の中でどのような変化があったのか、それはなぜなのかを知ることが重要です。

Aさんの場合は、たまたま落ち込んでいた時にフェイスブックにコメントしたことで、伊藤さんとのつながりができました。

お客様がどのようなきっかけであなたの商品やあなたのことを知り、何がきっかけで興味を持ったのか、商品を買おうと決めたのはなぜなのかということを、お客様の気持ちになってヒアリングをするようにしてください。

↓ワンポイント・アドバイス

お客様の「行動」の流れを意識してインタビューしてください。お客様の多くは、過去の経緯を忘れている場合があります。

唐突な行動に感じたら、その間に何があったのかを聞くようにしましょう。お客様は質問されれば、一生懸命に思い出そうとしてくれます。そういう何気ない、お客様があまり重要ではないと思っているところに意外なヒントが隠れている場合があります。

●ステップ3　「行動」した時のお客様の感情を書き出す

習慣的になっていることや咄嗟の危険回避などの行動でなければ、通常**「行動」には何らかの感情が伴います。**というよりむしろ、（お客様が意識しているかどうかは別にして）人は感情が起こるから行動しているわけです。

例えば、ショッピングの場面で素敵な洋服を見かけた場合、瞬間的に自分が着ている姿や場面を想像して、そこに何らかの感情（「周囲から褒められたいなど）が生まれるのです。

Aさんの場合には次のような感情があっただろうと考えられます。

①インターネットでコーチングについて調べた

②フェイスブックで伊藤さんの記事を読んだ

↓部下のマネジメントが上手になって、上司や部下から尊敬されたり、出世できるかも。

③フェイスブックに「いいね」をした

↓何か有用な情報をもらえるかも。私のことを知って欲しい。

④フェイスブックの記事を何度か読んだ

↓マネジメントの情報が手に入り、仕事で成功できるかも。

⑤無料オンライン体験会の申し込みページを見たが申し込まなかった

↓申し込んで期待外れだったら困る（これまでの行為が無駄になる）。ダメな奴だと思われないか

心配。自分なんかが申し込んでいいのだろうか?

⑥フェイスブックにコメントを入れた

↓コメントを書くと楽になれる。期待外れのリアクションが来たら無視すればいい。自分には害はない。

⑦フェイスブックの友達申請をした

↓親身になってアドバイスがもらえるかも。こういう人とつながっていたい。認められたい。

⑧メルマガに登録した

↓有用な情報がもらえる。こういう人といろいろな形でつながっていたい。

⑨無料オンライン体験会の申し込みページを見て申し込んだ

⑩無料オンライ体験会に参加した

↓私のことを知って、受け入れてもらいたい。もっと近くで感じたい。ワクワクしたい。好奇心。

⑪個別セッションに申し込んだ

↓自分が変われる。もっと親密な関係になれる。

伊藤さんには、Aさんのヒアリング時に、どのような感情だったのかを聞くようにお願いしました。ただし、あまり感情に深く立ち入るとAさんが不愉快な思いをするかもしれないので、その時のAさんの話し方や表情などから推測して適切な判断をするようにお願いしました。

↓ワンポイント・アドバイス

お客様の行動の理由となった「感情」に正解はありません。お客様が感情を意識して行動をしていないということもありますが、その時のシチュエーションによっても変わってくるからです。ただ、同じ人間ですから、「感情」にとんでもない違いはありません。ある程度の目星をつけたら先に進んでください。その仮定を元にやってみて、違ったら見直せばいいだけです。仮説を立てて、検証していくことが重要です。

●ステップ4　カスタマージャーニーマップを作成する

そして、いよいよAさんのカスタマージャーニーマップを作成しました。（次ページ画像参照）

カスタマージャーニーマップは「ステップ1・2」を表にまとめて全体を俯瞰できるようにするだけなので、あなた1人でも作ることはできますが、できれば社員やビジネスパートナーの方と一緒につくることをおすすめします。特に、Aさんの「感情」を書き込む部分については、それまでの購買経験などによって、自分では想像できないような感情が出てくる可能性があるからです。

繰り返しますが、カスタマージャーニーマップはどのようなフォーマットでも大丈夫です。インタビューで抽出した「行動」「接点」とその時の「感情」をもれなく表現できればＯＫです。

ステージ	行動	接点	感情		対応策
出会い前	コーチングを調べた	（ネット記事）	コーチング技術に関心がある	知識を得たい	コーチング技術が仕事に役立つことをもっと発信しては？
出会い	コメントを読む	FB	コーチングについて知りたい	特に興味なし	ターゲットに近い人のFBにコメントをする？
	「いいね」	FB	何か役立つ情報が手に入ればいい	ちょっとだけ共感	「いいね」をくれた人にこちらからアプローチするのはどう？
コーチングを理解する	投稿を読む	FB	コーチングを受けたら自分も変われるかも	期待を持つ	ここがポイントか？体験会申込みのハードルを下げる方策が必要。安心感の醸成とか実例たくさんを出すとか…
	体験会申込みページを読む申込みせず	FB→体験会申込みページ	受けて大丈夫だろうか？失望しないだろうか？ダメ出しされないだろうか？	恐怖、不安	
信頼関係作り	コメント投稿	FB	相談に乗って欲しい話を聞いて欲しい	助けて欲しい	相談しやすい環境作りが必要か？
	友達申請	FB	つながりたい関心を持ってもらいたい	関心が高まる	個人的な相談ができる仕組みを作るか？体験会とは別でもいいな…
	メルマガ登録	FB→メルマガ	もっと良く知りたい	関心が高まる	もっと自己開示をしたり、個別コーチングの実績を出して、安心感・期待感を持ってもらうか？
	体験会申込み	FB、メルマガ体験会申込みページ	受け入れてもらえそう役に立ちそう	ワクワク、ドキドキ	体験会申込みハードルを下げる方策が必要。顧客の声をもっと載せるとかで期待を高める
体験	コーチング体験	オンライン体験会	自分でも受け入れてもらえたこれは役に立つ	確信	前段でターゲット顧客を集められれば、ここは従来通りで良いか
購入	個別セッション申込み				

Aさんのカスタマージャーニマップ

●ステップ5　全員のカスタマージャーニーマップを作成する

伊藤さんの場合、合計7名の方にインタビューをしたので、全員分のカスタマージャーニーマップをつくりました。

これで、伊藤さんの優良顧客の**「行動と感情」**を深く知ることができるようになりました。

ここで注意点があります。カスタマージャーニーマップは多ければ多いほどいいのですが、多くなり過ぎると、色々な「行動」や「接点」が出てきて全体像を掴みにくくなります。

あまりにもバラバラになるようでしたら、使うマップを絞った方がいいかもしれません。

●ステップ6　対応策を検討する

実は、複数のカスタマージャーニーマップを作成している途中で、伊藤さんと「無料オンライン体験会の申し込みページを多少変更しても、結果はあまり変わらないかもしれませんね」という話になりました。Aさんのカスタマージャーニーマップを見るとわかると思いますが、実は体験会に申し込むかどうかは、**体験会の案内の前段階でほぼ決まってしまっているのではないかと考えられたからです。**もちろん、体験会の申し込みページは変更してもいいのですが、その前段階で何か打つべき手がないかと伊藤さんとディスカッションをしました。そこで実施した主な対策を紹介します。

●フェイスブックの投稿内容の変更

フェイスブックのようなＳＮＳ（ソーシャル・ネットワーキング・サービス）で情報を発信する場合には、なるべく多くの人に見てもらおうとするのが一般的ですが、伊藤さんのようにＳＮＳで優良顧客になる可能性の高い人を集めようする場合は、その人たちが好む情報を数多く発信するほうがいいでしょう。

カスタマージャーニーマップをつくった結果、優良顧客をより深く理解できたため、フェイスブックの投稿内容を優良顧客向けに変更していきました。具体的には、ビジネス上で役立つ情報や、実際に伊藤さんが試した内容などをこまめにアップしていきました。

同時に、**伊藤さんの人柄**がわかるような物語を掲載しました。幼い頃の話や両親、友達との思い出、恋愛や仕事など、伊藤さんの生の姿を出してもらうようにお願いしました。

伊藤さんは最初は恥ずかしがっていましたが、こちらの方がコメントをたくさんもらえるようになったので、いつの間にか積極的に投稿するようになりました。

●メルマガの内容の変更

メルマガでは、フェイスブックよりもビジネス上の問題解決に関する話題やビジネスで使えるツールの紹介などに加えて、パーソナル・コーチングの概要や成果などを情報発信しました。

なぜなら、まだパーソナル・コーチングを受けたことがない人が多いので、体験セッションに申し込むハードルを下げるためです。「たった一人のカスタマージャーニーマップ」をつくった結果、これは想像以上に高いハードルであることがわかったので、メルマガの内容を変更したのです。

メルマガ読者がまるで体験セッションに参加しているかのように、実際の事例を元にできるだけ具体的に記載しました。しかも、内容を少し変えて何度も投稿しました。

これはメルマガに限った話ではありません。書いている側は、「毎回似たようなものを書いたら読んでもらえないのではないか？」と心配になりますが、読者は忙しいので毎回しっかりと読んでいないし、覚えていません。だから、**大切なことは何度も書いて伝える必要があります。**

また、読み手との信頼関係をつくるために、メルマガ読者にアンケートを取りました。アンケートは読者の関心事を知るという目的もありますが、アンケートを書いていただいた方に直接お礼のメールを送って、伊藤さんの考えなどを伝えるなど**1対1のコミュニケーション**が取れるようにしたかったからです。

何百人もの人を相手にするビジネスではそこまで手が回らないかもしれませんが、伊藤さんのビジネスの場合は信頼感を高め、親近感を感じてもらうためには1対1のコミュニケーションが最適です。フェイスブックでも似たようなことをやってみましたが、パーソナルな問題や悩みは書きにくいので、1対1のコミュニケーションに持ち込むためにはメルマガが適していると判断しました。

●無料オンライン体験会申し込みの変更

申し込みページ自体はあまり変えませんでした。（もちろん、フェイスブックやメルマガで発信している内容と合わせるために、言葉や過去の実績・経験などは変更しました）

逆に大きく変更した点は、体験会の申し込みの案内を出す前に、オンラインで**コーチングについての無料説明会**を開催したことです。「コーチングとは」「コーチングでどのような成果があるのか」「コーチングの進め方」などをテーマに伊藤さんが話をしました。

これは、事前にコーチングを知ってもらうという目的もありましたが、「たった一人のカスタマージャーニーマップ」をつくった結果、オンラインで参加することに抵抗があることが明らかになったので、その抵抗感を減らすことが本当の目的です。

また、参加者に無料オンラン説明会に参加する手順などを説明したメールを送り、オンライン会議への参加の仕方などに慣れてもらう意味でも効果がありました。

パーソナル・コーチングへの申し込みが3倍に！

これらの対策を行なった結果、1年後の無料オンライン体験会の申し込みは約2倍に、パーソナル・コーチングへの申し込みは約3倍となりました。しかも、冷やかし客は減り、既に伊藤さんのことを知っている人ばかりが体験会に申し込んでくれるので、体験会もスムーズに開催できました。

さらに、パーソナル・コーチングを継続してくれる方が増えるという副次的な効果も得られました。

結局、私のライティング力ではなく、伊藤さんが事前のマーケティングを強化することで良い結果が得られたわけで、若干複雑な心境ではありますが…（苦笑）。

このように、カスタマージャーニーマップをつくって、優良顧客の「行動と感情」を具体的に把握し、それをもとに様々な施策を施すことで、あなたのビジネスでも今まで以上に優良顧客を多く集客でき、売上げ・利益アップに貢献できる可能性があります。

「たった一人のカスタマージャーニーマップ」のつくり方のまとめ

最後に、「たった一人のカスタマージャーニーマップ」のつくり方をまとめます。あなたの優良顧客を深く知ることができるようになりますので、ぜひ活用してみてください。

あなたがやるべきことは、既存のお客様から購入に至るまでの「行動」と「接点」を聞いて、表にするだけです。一度に聞けなければ複数回に分けてもＯＫです。話を聞けば聞くほど、お客様のことが見えてきて、集客のための対策も自然と浮かんでくるはずです。

ステップ１：既存のお客様から商品購入までの行動を聞き出す
ステップ２：「行動」と「接点」を時系列に書き出す
ステップ３：「行動」した時のお客様の感情を書き出す
ステップ４：カスタマージャーニーマップを作成する
ステップ５：全員のカスタマージャーニーマップを作成する
ステップ６：対応策を検討する

ここでつくったカスタマージャーニーマップを元に考えた施策の効果を測定して、当初の仮説を検証するようにしてください。効果が認められなければ、どこかの仮説がずれている可能性があります。

また、効果が得られたとしても、さらに改良できるところがあるはずです。優良顧客を知れば知るほど、あなたのビジネスはうまくいくようになりますから、是非チャレンジしてみてください。

株式会社アミ・フェリ　米野敏博

著者略歴

米野 敏博（こめの としひろ）

株式会社アミ・フェリ 代表取締役

1962年福井市生まれ。東京都町田市在住。

武蔵工業大学（現：東京都市大学）電気工学科卒業後、日本原子力発電（株）に入社して、国内外の発電所建設業務に従事。

その一方で、コピーライティングに興味を持ち、ダイレクト出版（株）の養成講座に参加してコンテストで優勝。ダイレクト出版認定ライターとなる。

2011年の東日本大震災により会社員としての目標が失われたため、「モノやサービスを必要とする人に紹介してより良い社会を創る」を新たな目標にライターとして活動することを決意。

メルマガ、ブログ、ランディングページなどの販促物制作を通して、クライアントの販促に貢献。クライアントにはコーチ、コンサル、歯科医師などの士業から中小企業まで多数。

理系脳とマーケティング、セールスの知識と経験を活かした販促コンサルテーション＆販促物制作には定評がある。

その他、セールスライターを目指す人々の育成も行なっている。

妻と長女の3人家族。趣味は読書、映画鑑賞と海外旅行。新型コロナウイルス蔓延以降、毎日、健康増進の名目で妻のウォーキングに強制連行されている。

Facebook https://www.facebook.com/amiferiltd/

ダイレクト出版認定セールスライターページ

https://www.theresponse.jp/aboutus/partners/

読者特典

3大販促ツール解説動画を無料プレゼントします！

withコロナ時代の販促には、オンラインであなたの会社・店舗や商品・サービスの魅力を伝えることが不可欠です。そこで、お客様を深く理解して販促計画を立てる「販促カスタマージャーニーマップ」、お客様の注目を集める「販促効果抜群のキャッチコピーの秘密」、そして認知度を上げる「紹介動画制作のポイント」の3つの動画を無料でプレゼントします。

※この企画は予告なく終了する場合があります。早めのご視聴をおすすめします。

CHAPTER

04

歯科医院がインターネット広告で大逆転集客！

株式会社サイトウジムキ 斎藤元有輝

岡山県倉敷市でマーケティング支援の仕事をしている株式会社サイトウジムキの斎藤元有輝《もとあき》です。倉敷市の中心部から離れた児島《こじま》を拠点にしています。最近ではジーンズ発祥の地ということで、デニムの聖地として少し有名になってきました。

今回紹介する事例は、**インターネット広告**を活用した**歯科医院の増患《ぞうかん》（患者を増やす）事例**です。

私が歯科医院Ａのお手伝いをする前までは、ホームページを見て新規で来院する患者が月に２～３人程度でした。それが、今では月に１００人を超える新規患者が来院するようになりました。単月ではなく、毎月安定して１００人前後の新規患者を集めることができるようになったのです。

新規の患者が月２～３人から１００人になったので、**最大で50倍の集客を実現した手法**です。その内容を包み隠さずにお伝えしたいと思います。

歯科医院Ａで行なったことは、次の８ステップです。

- ・アピールポイントを決める
- ・競合調査をする
- ・ランディングページをつくる
- ・小予算で広告を始める
- ・採算が合うかどうかを確認する
- ・採算が合えば、広告費を少しずつ増やす（採算割れなら、再度調整をする）

これらを1つずつ説明していきます。ただし、それぞれを詳細に説明するとそれだけで書籍数冊分のボリュームになりますので、本書では全体の流れが掴みやすくなるように、それぞれの場面で特に私が意識して行なったことに特化して説明していきます。じっくりとお読みください。

アピールポイントを決める

インターネット広告を活用する際、まず最初に**アピールポイント**を決めることはとても重要です。当たり前の話のように聞こえるかもしれませんが、アピールポイントが魅力的であるかどうかで広告効果の成否が決まりますから、この部分はしっかりと熟考する必要があります。

そこで、歯科医院Aの担当者にヒアリングしたところ、**「土日診療」**をしていることがわかりました。これは、かなり魅力的なアピールポイントになりそうです。

しかし、歯科医院Aのホームページには土日診療の特徴が全く主張されていませんでした。ホームページを注意深く探さないと、土日診療をやっているかどうかさえわからない状態でした。

そこでまず、ホームページ上で土日診療を強く打ち出すことにしました。

競合調査をする

競合調査とは、同じ主張をしているライバルがいないかどうかを調べて、主張がかぶらないことを確認する作業です。

虫歯などの一般治療でわざわざ遠方の歯科医院へ通う人は少ないので、まずは近隣の歯科医院で土日診療をしているところを探しました。

歯科医院Aは東京都内に立地しているので、競合はゼロではありませんでした。しかし、幸いなことに土日診療をしっかりと主張している近隣の歯科医院はありませんでした。

さらに、**インターネット広告の出稿状況**も調べました。例えば、渋谷なら「渋谷区　日曜　歯科」とグーグルで検索してみます。今ではインターネット広告を活用している歯科医院も増えていますが、歯科医院Aが広告を始めた当時は、同じ地域で広告を出している歯科医院はありませんでした。

同じ地域で同じ主張をしているライバルがいるかどうかで広告の効果は変わってきますから、広告の調査はとても重要です。

ランディングページをつくる

アピールポイントが決まり、競合調査をした後は、いよいよホームページをつくります。おすすめは**ランディングページ**です。

ランディングページとは、1つの商品だけに特化した専用ページのことで、楽天市場などでよく見られる縦に長い商品ページのことです。

ランディングページをおすすめする最大の理由は**スマホ対策**です。個人向けの商品やサービスの場合、スマホからのアクセスが7割以上というデータがあります。知人の岩盤浴サロンでは9割を超えていたほどです。

今後はますますスマホでアクセスする人が増えていきますから、**スマホを意識したページをつくること**は何よりも重要なポイントとなります。

スマホでホームページを見ると、下の方にスクロールしていきますよね。長いページでも縦に移動するのは苦になりません。しかし、横に広いページはとても見づらい印象になります。左右の動きと上下の動きが混在するので閲覧しづらいのです。そのようなホームページはすぐに他のページへ離脱されてしまいますから注意が必要です。

また、他ページのリンクがあると、つい指が当たって、他ページに移動してしまうことがあります。すると、なかなか元のページに戻ってくることはありませんから、なるべく他ページへのリンクも貼らないようにしてください。

もちろん、同ページ内に他の商品を掲載することもやめましょう。その商品が気になって他ページへ移動してしまう可能性がありますからね。

ランディングページをつくる場合は **「縦スクロールだけの動きにする」「他ページのリンクは載せない」「他の商品は掲載しない」** を意識するようにしてください。

なお、自分でランディングページを作ったり、更新したい場合は、ワードプレスやペライチ、jimdo（ジンドゥー）などがおすすめです。これらは無料で利用することもできるので、試しに使ってみて使いやすいものを選ぶようにしてください。

広告文とホームページを連動させる

改めて、他の地域で「土日診療」の広告を出している歯科医院の広告を調べてみました。広告には「土日診療」の文字がありますが、広告文をクリックしてホームページにアクセスすると、土日診療の内容がどこに記載されているのかわからないものがほとんどでした。（歯科医院Aも同様でした）

せっかく広告を出しているのに、もったいない話ですよね。

ユーザーに探す手間をかけさせてはいけません。手間をかけさせるほど成約しづらくなるからです。インターネット広告を活用する場合は、ホームページの上部に「土日診療」などの特徴をはっきりとわかりやすく記載するようにしてください。つまり、インターネットの広告文とホームページをしっかりと**連動**させることが重要なのです。

場所（立地）・診療時間をわかりやすく記載する

例えば、「○○駅から徒歩5分」というふうに、ホームページには**場所（立地）**をわかりやすく記載してください。美容診療などとは違い、患者は土日曜日だけど歯が痛くて困っているわけです。とにかく今すぐに診療してくれる近くの歯科医院を探しているのです。だから、場所（立地）をわかりやすく書く必要があります。

併せて、**診療時間**もわかりやすく掲載してください。診療時間を確認しようと思ったら、どこに記載してあるのかがわからなくて、ホームページ内を探し回る経験をしたことがある人も多いでしょう。

患者の使い勝手を考えて、親切なホームページづくりを心がけましょう。その気配りは、**新規患者の増加**という形で返ってきます。

ここで、参考事例として広告文を1つ掲載します。（下画像参照）

土日曜日も診療していることを広告文でしっかりと伝えています。

また、診療時間も「19時30分まで」と明記されているので、とてもわかりやすい広告文ですね。欲をいえば、最終受付が何時までなのかまでわかると、もっと良い広告になりそうです。「診療時間が19時30分までということはわかるけれど、何時までに行けばいいの？　19時30分に行けば診療してくれるの？」という疑問を感じてしまいます。

このような疑問が生じないように、広告文（またはホームページ）には**最終受付時間**までしっかりと記載するようにしてください。

素人である患者でも理解できる表現を心がける

歯科医院Aが土日曜日も診療していることは事実です。事実に基づいて主張しているのですから、嘘や誇張表現はありません。

しかし、例えばホームページに「腕の良い歯医者です」と書いたとします。その場合、何を証拠に腕が良いのかを証明する必要があります。

広告・www.shibuya-louvre.dental/渋谷/歯医者

【公式】渋谷ルーブル歯科 - 嬉しい土日診療 19時30分まで

すぐ行ける渋谷の歯医者 虫歯、親知らず、出っ歯、ホワイトニング。無痛治療 歯医者が...

「私は腕が良い歯医者です。なぜなら、専門医だからです」といったところで、患者にはよくわかりません。「専門医」と聞いても、患者には基礎知識がないので専門医のすごさがわかりません。患者は素人です。だから、自分の主張を書く際は、**素人でも理解できる表現**を心がけるようにしてください。併せて、主観ではなく客観的事実に基づいているかどうかを確認してください。

例えば、「当医院では他歯科医院から年間○件以上の紹介状が寄せられます」と表現すれば、これは信頼できますよね。他の歯科医院から紹介されるくらいですから、この一文から「腕の良い歯医者」であることが素人でも理解できます。

もちろん、専門的な事実を記載することも大切ですが、素人でも理解できる表現を心がけると、ライバルとひと味違う主張ができるようになります。

「お客様の声」を掲載する

ランディングページには必ず**「お客様の声」**を掲載してください。いくら販売者が「良い商品ですよ」と書いても、消費者はその言葉（文章）を100％信じることはできませんが、「お客様の声」は自分と同じ立場の人の言葉なので**信用**できます。さらに「お客様の声」の信用力を高めるためには、お**客様の名前と顔写真**を掲載すると効果的です。

今まで「お客様の声」を集めたことがない場合は、特に仲が良いお客様や知り合いに頼んでみてください。真摯な態度でお願いすれば、意外とＯＫしてくれる人が多いですよ。

これは誰でもできることですが、実際に「お客様の声」を集めている人は少数です。「お客様の声」を集めるだけで、クチコミで地域一番店になる可能性もあるので、積極的にチャレンジしてください。

小予算で広告を始める

そして、いよいよインターネット広告への出稿です。

あなたは**「成約率」**という言葉をご存じですか？「何人の人がホームページにアクセスしたら商品が1個売れるのか」という割合の数値です。歯科医院の場合は「何人の人がホームページにアクセスしたら1人来院するのか」となります。

それ以外に、分譲マンションの広告の場合は、1000人の人がホームページを見て10人が資料請求をして、資料請求した10人のうち1人成約できたら、成約率は0.1％となります。（1000人に1人の割合です）また、安価な商品の場合は100人のアクセスで5人が購入してくれるかもしれません（成約率5％ですね）

このように、成約率は業種や商品、販売価格によって変わりますが、一般的にインターネット通販業界では**1％の成約率**があれば合格といわれています。100人がアクセスしたら、1人が予約するということです。そこで、まずは1％の成約率を目標にしてインターネット広告に出稿しましょう。

インターネット広告へ出稿する際の大切なポイントは、**小予算で始めること**です。いきなり多額の経費を使うのではなく、数万円くらいから始めるようにしてください。数万円の広告でデータが集まり、「いける！」とわかったらアクセルを踏むのです。これならリスクはほとんどありません。くれぐれもいきなり大勝負をして大ケガをしないようにしてくださいね。

次に、出稿するインターネット広告を選びます。インターネットの世界にはいろいろな広告がありますが、まだインターネット広告に慣れていない方には**Ｆａｃｅｂｏｏｋ広告**がおすすめです。その理由は、Ｆａｃｅｂｏｏｋ広告には次のような特徴があるからです。

・月数万円程度の少ない予算で広告を出稿できる
・配信地域を指定できる
・配信対象を指定できる（年齢や性別など）
・操作方法が比較的簡単
・広告をすぐに開始・停止することができる

最近はＦａｃｅｂｏｏｋ広告を出稿する人が増えて、クリック単価も高くなってきましたが、それでもヤフーやグーグルの広告に比べると、安い価格で広告を出稿することができます。

今までインターネット広告に出稿した経験がない方でも比較的簡単に出稿することができるので、是非チャレンジしてみてください。

ちなみに、広告の運用を**広告代理店に任せる方法**もありますが、小予算の場合は受け付けてくれないことが多いので、最初は自分でやってみることをおすすめします。

また、Ｆａｃｅｂｏｏｋ広告でインターネット広告に慣れてきたら、ヤフーやグーグルの広告にチャレンジしてもいいですね。意外と知らない方が多いのですが、ヤフーとグーグルではそれぞれ電話（フリーダイヤル）で無料サポートしてもらうこともできます。積極的に利用してください。

採算が合うかどうかを確認し、採算が合えば少しずつ広告費を増やす

インターネット広告を始めたら、いくらの金額で1人来店（または1件成約、1件の問い合せなど）が達成できたのかを確認します。

歯科医院で保険治療の場合、1クリック100円前後で広告配信可能なので、計算しやすいように1クリック100円で考えてみましょう。

100回クリックされて1人来院した場合、**100円×100回＝1万円**となります。

Facebook広告にしても、グーグル広告にしても競合が多いと単価が高くなります。地域での差もありますので、ここでのクリック単価はあくまで目安です。

1万円の広告費を出せば、1人来院してくれる。…これをどのように考えるかです。

歯科医院の治療で、仮に1回5000円として5回通院するとします。

5000円×5回＝2万5000円です。

歯科医院の利益率を8割とすると、粗利は**2万5000円×0．8＝2万円**となります。つまり、1万円の広告費を使って2万円の利益を得られることになります。ということは、インターネット広告に出稿すればするほど利益が増えることになります。

このように、歯科医院などの定期来院（定期購入）型のビジネスの場合は、インターネット広告は1回だけの利益で考えるのではなく、**平均来院（購入）回数**で考えることが重要です。

ただし、5回通院する期間がどれくらいかによって資金繰りが変わってきます。資金的に余裕があれば、広告を出稿すればするほど2倍の利益になって返ってくるということなので、少しずつ広告費を増やしていきましょう。Ｆａｃｅｂｏｏｋ広告だけでなく、ヤフーやグーグルの広告を検討してもいいですね。さらに、その次に考えるのはＬＩＮＥやツイッターの広告です。

ただし、ここまでくると、かなり手間が増えるので、運用は広告代理店に任せたほうがいいと思います。**広告代理店の手数料の一般的な相場は20％です。**月25万円分の広告運用を任せる場合、5万円の手数料ということです。

広告代理店以外に、安価で広告運用をしてくれる個人を探す方法もあるので紹介します。個人のスキルを売買する**ココナラ**というサイトで、「Ｆａｃｅｂｏｏｋ広告代行」などと検索すると、個人で広告運用をしてくれる人を探すことができます。（次ページ画像参照）

ココナラ　https://coconala.com

ココナラに登録している人は個人の方が多いので、広告代理店のような企業に比べるとかなり安価で依頼することができますが、品質にバラつきがあるのも事実です。ただ、その中から安価で広告運用がうまい人に出会えたら、今後継続的に安価で発注できるメリットがあるので、一度試してみてもいいと思います。

ちなみに、ココナラなどのサイトを経由せずに直接個人に依頼する方法もありますが、ココナラを経由して依頼したほうが良い対応をしてくれる可能性が高くなります。対応が悪いと、ココナラに悪い評価を書きこまれるからです。

ココナラを主な集客窓口にしている個人にとって、ココナラに悪いクチコミを書かれるのは絶対に避けたいことなので、しっかりと対応してくれるようになるのです。また、期間を決めて同時に複数人にお願いしてもいいですね。その中から運用がうまい人を探すのです。

ただし、広告代理店に依頼する場合も、個人に依頼する場合も、必ず**「全体管理」**と**「数字のチェック」**だけは行なうようにしてください。

家を建てることに置き換えると、あなたが設計士で広告運用をしてくれる人が大工です。あなたが図面を書いて、作業の部分は大工に依頼するイメージです。この部分を疎かにしてしまうと、誰も責任を取らない最悪の状況に陥り、広告運用がうまくいかなくなってしまいます。だから、「インターネット広告はよくわからない」ではなく、あなた自身がしっかりと勉強することも大切です。

ちなみに、広告運用を任せる場合は、「この広告のポイントは何ですか?」や「どの数字を見ればいいですか?」というふうに、わからないことがあればどんどん質問してください。ここで、質問に対する答えを渋ったり、隠したり、答えられなかったりする人は避けたほうがいいと思います。今後長いおつきあいになることを考えれば、なるべく対応が良い人に任せたいですからね。

採算割れなら、再度調整をする

インターネット広告を出稿したものの、採算割れする場合は、次の**再確認作業**が必要になります。

・クリック単価を下げて様子を見る
・クリック単価の安いキーワードで広告を出す
・アピールポイントを見直す
・広告文を見直す
・ランディングページを見直す
・出稿するキーワードを見直す
・再度競合調査をする

アピールポイントが弱い場合は、残念ながら最初からやり直しになってしまいます。やり直しを避けたい方は、アピールポイントをつくる際に時間をかけて熟考することが重要です。

アピールポイントをブログに書いたり、フェイスブックやツイッターなどのＳＮＳにアップして反応を見たり、実際にお客様や知人にアピールポイントを伝えてみて、反応してくれるかどうかを慎重に分析してください。

インターネットで成果を上げるためにはお金をかけるか、手間をかけるかしかありません。全てお金をかければいいということではありませんが、お金も手間もかけないのでは100％うまくいくことはないでしょう。

インターネット広告に半永久的に使える成功の方程式はありません

ここで、私の失敗談をお話しします。ヤフー広告が始まった当時、クリック単価がとても安かったので、私の会社でもインターネットで商品販売をしてみることにしました。ある果物に目をつけ、ヤフー広告を始めたところ、毎月の売上げが一気に100万円を超えたのです。

しかし、翌年にはライバルに真似をされた上に、広告費が割高になり、売上げも頭打ちとなりました。さらに翌々年には、クリック単価が高騰し、ほとんど利益が出ない状態になりました。

当社でその果物を栽培しているわけではなく、ただ仕入れをしているだけでしたから、仕入れルートさえあれば誰でもすぐに真似できてしまうのです。

このように、時代の流れや競合の状況によってインターネット広告は常に変化していきます。1つの広告がうまくいったからといってあぐらをかいていると、すぐに売れない状況に陥ってしまいます。

そういう意味では、先ほど挙げた再確認作業は**常に意識するべきポイント**でもあります。

半永久的に勝ち続ける方法

日本で唯一の画期的な商品やサービスを持っている会社やお店はほとんどありません。今回紹介した歯科医院にも日本で唯一のアピールポイントはありませんでした。他にも「土日診療」をしている歯科医院はたくさんありますからね。

しかし、それをしっかり情報発信している歯科医院はほとんどありませんでした。だから、一人勝ちすることができました。

ライバルが主張していないことを先に主張する。とても大切なことです。

今はとても進化が早い時代です。だからこそ、常に自分の会社を振り返り、主張できるアピールポイントを見つけるようにしてください。

アピールポイントを見つけたら、競合調査をしましょう。同じ主張をする競合がいない、または少ない場合は広告を始めて、集客活動をして売上げを上げてください。その後は、何をするか？

さらにアピールポイントを磨いて強くしたり、新しいアピールポイントをつくる努力をしてください。**この流れができれば、半永久的に勝ち続けることができるようになります。**

さあ、次はあなたの番です！

株式会社サイトウジムキ　斎藤元有輝

著者略歴

斎藤 元有輝（さいとう もとあき）

株式会社サイトウジムキ 代表取締役

1961年岡山県倉敷市生まれ。関西学院大学卒。

LINEビジネス活用の専門家。

ベッキー×ゲス事件でテレビ朝日に出演。

2016年11月「LINE@活用術」を出版し、発売1週間で増刷。

Amazonの2部門で1位。現在、10刷。

2020年7月に2冊めの著書となる「LINE採用革命」を出版。

日本経済新聞社での講演や資生堂での研修など好評を得る。大企業から個人事業主まで幅広く講演や研修を行なう。

また、大阪商工会議所、京都商工会議所などの商工会議所や商工会でも各地で講演を行なう。

LINEビジネスセミナーの登壇数は、通算200回以上で日本でトップクラスの実績。

2018年5月、日本一のマーケターとの呼び声の高い神田昌典氏が主催する「マーケティング白熱会議」に登壇。高い評価を得る。

また、LINE社からも高い評価を受けており、LINE新宿本社や地方でセミナーを合同開催。参加者に満足してもらうことはもちろん、成果を上げてもらうことにコミットしており、「セミナー中にクルマを受注した」参加者もいるほど。

自らも中小企業の3代目社長であり、「中小企業を元気にする」のがミッション。

公式ホームページ https://www.line-consul.com/
公式LINE https://lin.ee/yrzghTR
Facebook https://www.facebook.com/saitomotoaki

読者特典

特別映像「LINEで売上を大きく伸ばす方法」（108分）

名古屋で有料開催した幻の売上アップセミナー動画「LINEで売上を大きく伸ばす方法」（108分）を無料プレゼントいたします。

興味がある方は、下記URLまたは左のQRコードからお申し込みください。

https://pro.form-mailer.jp/fms/235c4795203992

※この企画は予告なく終了する場合があります。早めのご視聴をおすすめします。

CHAPTER 05

小さな会社がロシア展示商談会に挑戦した物語

ダンシングファン株式会社 長岐裕之

神奈川県横浜市でバレエ教室を経営しているダンシングファン株式会社の長岐《ながき》裕之です。

私は1996年、埼玉県戸田市で生まれました。父が日本民謡の教室を経営していたため、数々の民謡を聞きながら幼少期を過ごしました。母は小料理屋を営みつつ、ある日突然ハーレーダビッドソンを購入するような破天荒な秋田小町でした。

そんな両親に育てられた私はバブル絶頂期と重なる大学時代に、スクーターで北海道を含む東日本一周の旅に出るなど自由気ままな生活を送っていました。その後、幸運にもアメリカのマサチューセッツ工科大学の客員研究員になることができました。そして、この間現地（ボストン）のバレエ教室に通い、バレエの魅力にはまっていきました。

帰国後、客員研究員を続けるも、自分より優秀な研究員に囲まれて生きていくことに限界を感じ、退職。2000年、横浜市でバレエ教室を立ち上げました。

ちなみに、今現在私はバレエを教えておらず、数名の教師の力を借りて教室を運営しています。バレエ教室を立ち上げる時に、レッスンだけではなく、**踊りやすくなるための体づくりのサービス**も必要と考えておりました。そこで、2年間ほど整体を学び、バレエ教室に併設する形で「バレエ整体院」事業も行なっております。私はそのバレエ整体院の施術を担当しています。

「イカ足サポーター」を開発

そのような中、バレエダンサー特有の**中足骨の不整列**に注目し、見た目がイカの頭に似ていること

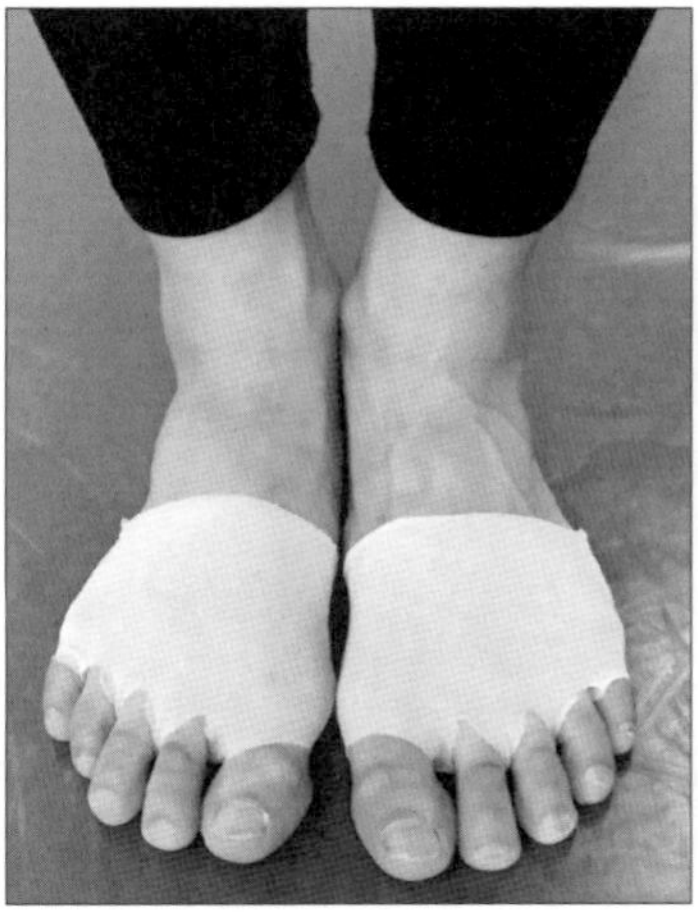

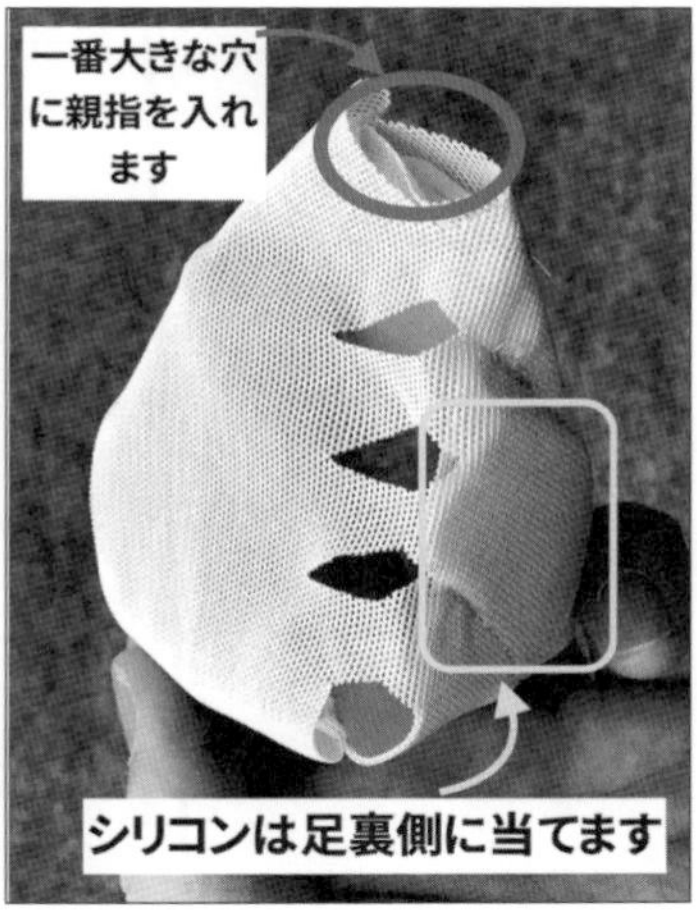
一番大きな穴に親指を入れます
シリコンは足裏側に当てます

イカ足サポーター

から「イカ足」と名づけ、**「イカ足サポーター」**という商品を開発しました。

これは、人間のバランス保持能力が足先の形で低下する問題を解決する商品であり、開店当初に考えていた「踊りやすくなるための体づくりのサービス」の1つです。

ちなみに、「イカ足」とは足の骨の形の特徴のことです。具体的には、中足骨の不整列の状態を指す私の造語です。

商品開発と並行して、大学の先生と「イカ足問題」について共同研究を行ない、2018年ニュージーランドで開催された国際学会では自ら研究発表を行ないました。

この「イカ足サポーター」をインターネットを中心に販売したところ、日本のみならず世界各地から注文が入りました。今では海外のトップバレエダンサーにも愛用されるほど認知度が高まっています。

また、バレエ界に限らず、イカ足が原因で運動能力が伸び悩んだり、ハイヒールが履けないなど行動制限を余儀なくされたりしている人々は、**一般人口の7割以上**と推測されます。つまり、日本人だけでも約9000万人がイカ足である可能性が高いということです。この社会問題を解決するために、今現在も「イカ足サポーター」の普及に努めています。


そんな私が、この1年ほどの間に試みた**いくつかの挑戦**により、状況が目に見えて好転していきました。それは、事前に計画を立てていたわけではなく、行動しながら修正を重ねていった結果です。今それらを振り返ると、最初は無関係に行なっていたことが、後からつながってうまくいくようになったことに気づきます。

ということは、そこからヒントになりそうなことを整理しておけば、まるで種を蒔いて収穫するように、今後の成果に繋がりやすくなるのではないかと考えました。

そこで今回の出版の話をいただいことを機に、私自身が経験したことを整理し、お伝えすることにしました。私の体験談はきっと誰かの役に立つのではないかと思ったからです。

それは斬新な手法であったり、特殊な能力が必要なものではありません。どちらかというと、全て聞いたことがある話が多いと思います。

しかし、その行動の実録をお読みいただくことで、きっと大きなヒントを得られるはずです。本書をお読みのあなたも、私の体験談を参考にして是非行動を起こしてみてください。

ロシア展示商談会への挑戦！

バレエの本場といえばロシアです。2019年のある日、私は何気なくロシア国立バレエ学校のホームページを眺めていました。そこで、現地の日本センターのホームページ（日本語）に載っていた**「日本のIT企業の訪露研修参加者募集」**という告知に気づきました。

ロシアに1週間滞在することと、IT企業が対象であることから、私には関係ない告知だったのですが、何か引っかかるものを感じたのです。

さらに詳しく告知内容を見てみると、「日本のIT企業をロシアの現地企業に紹介する」というものでした。明らかに場違いであることはわかっていたのですが、気になって仕方がありません。

その時点で私はロシア語を話すことができないのはもちろん、ロシア語の「ABC」さえわからないほど、ロシア語に対する知識はありませんでした。（この状況は今もほとんど変わりませんが…）

当然、ロシアへ行った経験もありませんし、IT企業が対象の募集案内に対して、私の会社はバレエ教室を営む小さな会社です。何もかも参加対象からは大きく外れているわけです。しかし、私の心の中で**強烈に惹きつけられる何か**を感じてしまったのです。

そこで、締め切りが迫っていたこともあり、ダメ元で申し込みをしてみました。バレエ教室の経営者であること、足のバランスの取りにくさを改善する超アナログな手作りサポーターを開発したので紹介したいことなどを申し込みページに書き記しました。

すると、その後驚くことに**採用通知**が届きました。そこから大急ぎで必要書類を揃え、ロシア行きの航空券を購入し、ビザの取得も済ませました。全て駆け足で手続きを行ないました。

同時に、ロシアの展示会で使うチラシやタペストリー、名刺、商品のプロモーション動画を全てロシア語版で用意することにしました。私自身、全くロシア語を話せないため、内容確認ができずに困難を極めましたが、何とか形にして出発の前日に間に合わせることができました。

これらのツールをつくる際に意識したことは、私がロシア語で説明できないわけですから、説明がなくても商品の魅力が伝わるように、チラシでは**イラスト**を多用したり、動画は**アニメーション**にしたりすることで、ロシア人にも理解しやすい内容にすることでした。

また、アニメ動画のシナリオは万国共通になるように、ビフォーとアフターの違いが伝わるようなシンプルな構成にしました。

もちろん、ロシア人がアニメをどこまで受け入れてくれるのかは未知数でしたが、フィギュアスケートのメドベージェワ選手がアニメオタクだということを知っていたので、「アニメに賭けよう！」と、オリジナルのマスコットキャラクターをデザインして、全編アニメのプロモーション動画を作りました。

キャラクターの名前は**「イカテリーナ」**です。日本語の「イカ」とロシアの女帝「エカテリーナ2世」の名前をもじったものです。

サンクトペテルブルグ
国際イノベーションフォーラム

イカテリーナ

これには意図がありました。「イカ」という言葉（日本語）を世界に広めたいという、私なりにJAPANブランドを意識しました。それにロシア人が慣れ親しんでいる言葉として「エカテリーナ」を選び、それらを合わせて「イカテリーナ」としました。

こうすれば、初めて聞いたロシア人でも「エカテリーナ」をもじっているという点で親近感を持っていただけるのではないかという期待感と、そこに短い日本語の「イカ」をつけることで「イカって何？」と興味を持ってもらえるのではないかという淡い期待を抱きつつ。

ロシアで初商談

最初の展示会イベントとなる「サンクトペテルブルグ国際イノベーションフォーラム」は、日本の東京ビッグサイトのような巨大な展示会場で、商談会は3日間連続で開催されました。

建物のスケールの大きさは想像を絶するほどで、建物の端から反対の端を見ようとすると、地平線と重なってしまい切れ目がわからないほどでした。こんな大きな会場に自社を含む日本企業十社ほどの日本パビリオンが設けられていました。

会場に商品を展示していると、次から次に人が集まってきて、商品説明をしたり試着体験をしていただいたりしたわけですが、大急ぎで作ったチラシや動画などの販促物がおおいに役立ちました。

私自身は「ズドラーストヴィチェ（こんにちは）」を会場で初めて口にするほどおぼつかない状態でしたが、それでも来場者には喜んでいただけたようです。

なぜ商談がうまくいったのかといいますと、優秀な通訳者が各社数名ずつ配置されていて、私が日本語で接客をすると、私の言葉をスムーズにロシア語に通訳していただける環境が整っていたからです。

この会場では3日間の会期のうち2日間出展することができました。多くの来場者に試着体験や足底圧の測定などをする中で、改めてこの商品は国や言葉を選ばない**人類貢献度が高い商品**であることを認識することができました。そのおかげで、その後の販促活動の中で、自分の中でより強く確信を持って商品説明ができるようになりました。

また、日本人とは全く異なるロシア人の足のサイズ感を目の当たりにすることで、どこまで商品サイズを用意すればいいのかを肌で感じることができました。

ちなみに、会場にいた通訳者の中に日本文学の研究者の方がいて、日本語の本も出版されているという日本語の達人のロシア人がいました。そこで、彼に「イカテリーナ」という名前にロシア人は違

和感を抱かないかどうかを尋ねたところ、「全然問題はない。むしろ好印象」との返事をもらい、ほっと胸をなでおろすことができました。

日本大使館での展示商談会

続いて、2つ目の展示会イベント**「日本大使館での展示商談会」**について説明します。

このイベントの会場は、モスクワ市内にある日本大使館でした。当日の早朝、新幹線のような特急電車に乗り、4時間かけてサンクトペテルブルグからモスクワへ移動。その後、今まで経験した中で最も厳しいセキュリティチェックを受けて、日本大使館に入りました。

館内はとても天井が高く、格式高いつくりの建物です。

わずか半日の商談会でしたが、12社ほどの商談の予定が15分刻みでびっしりと組まれていました。

主催者が、当社を含む参加者の商品に興味がありそうな企業に対して事前に告知してくれていたのです。相手は商談に入る段階で私の商品の特徴などを把握していましたから、話が早い。結果的に多くの見込み客を獲得することができ、今後の販路開拓を考える上でより具体的な計画を立てることができるようになりました。

また、この商談会では各社**プレゼンテーションの時間**が設けられていました。まさか私が日本大使館で「イカ足サポーター」についてプレゼンをするとは夢にも思っていませんでしたが、ロシア人にとっても新しいジャンルの商品であることから、言葉による説明だけでは伝わりにくいと思い、ひと工夫することにしました。

具体的には、その場で体感してもらえるように、会場の人たちが喜びそうなゴルフのスイングの例を引き合いに出して説明をしました。参加者は椅子に座りながら足裏で軽く踏ん張ったり、体を少し動かしてもらったりしました。

また、真面目に理屈だけを説いても面白くありません。そこで、笑いを取りにいきました。もちろん、私はロシア語は全く話せないので、「何でも通訳できる」と言ってくださった優秀な通訳者の方の力を借りて、ゴルフでありがちなトラブルで聴衆をいじったところ、これが受けました。はじめは眉間にシワを寄せていた方たちから笑いが起こったのです。

これにより、プレゼンが終わった後、「イカ足サポーター」を体験したいという人が私のブースに続々と集まりました。**プレゼンは大成功したのです！**

世界のメジャーブランド企業の社長との商談が実現！

この商談会には、実はロシア最大のバレエ用品ブランド企業の社長が来場していました。世界80カ国で事業展開しているという、**バレエ界では知らない人がいないほどの有名ブランド**です。

その会社と商談することは、今回ロシア入りする前に事務局から知らされていました。メジャーな企業を相手に私はやや緊張気味でしたが、「商品価値を伝えることができればいける！」と妙な自信がありました。

実は今回のロシア行きが決まり、自社商品を紹介する資料を提出する際に、この会社を商談会場に呼ぶことを目標にしていました。そこで、提出資料の中に、まだこの業界（バレエ用品業界）で未解決の問題を解決する商品であることをメッセージとして書き記しました。これが見事に当たり、社長自ら足を運んでいただくことになったのです。

そして、このわずか15分間の商談は成功し、翌日帰国直前のホテルのレストランで個別のランチミーティングを行なう約束を取りつけることができました。

このミーティングも成功し、トントン拍子で商談は進んでいたのですが、新型コロナウイルス感染症拡大の影響で交渉が途切れてしまい、現在も中断しています。

このように、残念な側面もありましたが、予想外の副産物も生まれました。

モスクワ日本大使館での商談会の様子が**NHKのニュース**で放映されました。私がメジャー企業の社長と商談している様子が映し出されたのです。

これにより、「イカ足サポーター」の認知度を一気に高めることができました。販売数は5割増しとなり、その後新型コロナウイルス感染症拡大の影響により緊急事態宣言が発令された今でも安定して注文が入り続けています。

ロシアで大成功した日本人バレリーナの物語

今回の展示会の事例以外にも、私が今までに経験したいくつかの事例を紹介します。

2020年2月、ロシアのあるバレエ団で日本人のバレリーナが主役で踊り、成功を収めました。この舞台が評判となり、彼女はテレビや雑誌の取材などを次々と受ける**「時の人」**となりました。

実は、彼女はその輝ける活躍とは裏腹に、約2年前に別のバレエ団を退団していました。足が痛くて練習についていけなくなってしまったのです。

そんな彼女と以前から知り合いだったこともあり、直接会って彼女の足を見せてもらったところ、見事なイカ足だったのです。そこで、彼女の足に合わせた「イカ足サポーター」をつくってお渡ししました。

それから2年後に大成功するまでの間、バレエを踊る時には必ず「イカ足サポーター」を履いてくれていました。「もうこれがないと踊れない」というほど役に立っていたそうです。

ちなみに、彼女が前のバレエ団を退団するきっかけとなったのは、バレエの代名詞ともいえる「白鳥の湖」の主役への抜擢でした。そして、今回成功を収めたのも偶然「白鳥の湖」の主役でした。まるで映画のような話ですよね。そして、この復活劇を足元で支えていたのが「イカ足サポーター」だったのです。

この逸話を本人の承諾を得て、商品の販売ページに掲載しました。すると、これがきっかけで注文数が増えました。この話を読んで、**「イカ足サポーター」に対する信頼感**が上がったのでしょう。

海外のトップバレエダンサー達が使い始めた！

次に紹介する事例は、ドイツのある有名なバレエ団のダンサー夫婦とたまたまお会いする機会があり、その時ダメ元で「イカ足サポーター」を試着していただきました。

ダンサーは自分の体や健康のことに対してとても興味がありますから、「踊りにくさが改善される商品を開発しました」という話をすれば興味を示すと思い、提案しました。

早速、足底圧を調べてみると、奥さんは重度のイカ足でした。おそらくこれが原因で踊りにくさに苦労していたようです。ご主人は軽度のイカ足でした。そこで、お二人に試着していただいたところ、「すぐにでもこれを履いて踊ってみたい」と目が輝き始めました。そこで、お二人に「イカ足サポーター」をプレゼントすることにしました。

数週間、メッセンジャーで**喜びの声**が届きました。そこには「本番の舞台で使ってみたところ、とても調子がいい」というメッセージが記されていました。

その声も本人の許可を得て販売ページに掲載することにしました。この海外の現役プロダンサーが使っているという事実が**信頼性獲得**に一役買って、「イカ足サポーター」の人気はさらに高まっていきました。

このように、スポーツ選手や業界の著名人などに実際に商品を使っていただいて、願わくば気に入っていただいて、本当の喜びの声を使わせてもらえれば宣伝効果を高めることができるはずです。

異業種の助成金への挑戦

最後の事例を紹介します。先ほどは場違いなロシア展示商談会に参加した話をしましたが、最近もう1つ**場違いな場所への挑戦**をしました。

2020年7月、横浜市から発表されたある健康・医療分野の助成金の1つとして、「イカ足サポーター」の研究事業が紹介されました。この助成金は「中小・ベンチャー企業が取り組む事業や、新型コロナウイルスなどの感染症の研究をはじめとした、大学や医療機関等が取り組む事業を支援する」ためのものです。

これも「バレエ教室」とは全く関係がなさそうです。そのことは、申請する当人である私も十分理解していたわけですが、この分野における自社製品の可能性という**「匂い」**を感じたため、またしてもダメ元で締切日当日に申請してみたのです。

すると、国公立大学との共同研究や医療系の事業がずらりと並んだ中に私の事業も入れてもらえることになりました。ここでも採用されたのです。

今年はこの助成金を活用した研究（商品開発）を行なっていく予定です。

このようにして、様々な分野の第三者から評価をしていただくことが「イカ足サポーター」の信頼性獲得に貢献しているのは間違いありません。

ここで大切なポイントは**勝算がなくても挑戦してみること**です。そして、どこに挑戦するかは**経営者の嗅覚**で決めることが重要だと思います。

業界内のライバルたちが当たり前のように行なっている活動や、想定内のレールに乗って販路開拓する道を否定するわけではありませんが、そこから少し離れて「匂い」のする方向へ進んでみる。そこで得た体験・経験を糧にして、次に生かす。

もし私の経験から法則めいたものを抽出するのなら、そういうことになると思います。

私の成功法則

小さなバレエ教室が自社開発したオリジナル商品を世に出そうとする中で経験したいくつかの話を執筆させていただきましたが、いかがでしたか？

最後に本章の内容をまとめてみます。

・お客様の未解決の問題を解決する商品をつくる（ライバルとの差別化につながる）
・常に商品を世に出すチャンスを伺う（チャンスを逃さない）
・自分から限界を設けず、ダメ元でも挑戦する（自らチャンスをつくる）
・受け手に伝わりやすい表現を心がける
・他人の影響力を借りる

いずれも斬新な手法であったり、特殊な能力が必要なものではありません。しかし、これらを実践することで、予想していなかった形でそれらが組み合わさり、価値を高め合って販売促進に大きな効果を発揮したように思います。

そんな実例として、私の体験があなたの販売促進のヒントになれば幸いです。

ダンシングファン株式会社　長岐裕之

著者略歴

長岐 裕之（ながき ひろゆき）

ダンシングファン株式会社 代表取締役

1966年埼玉県戸田市生まれ。

工学院大学卒業後、米国MIT客員研究員、NEDO産業技術研究員として研究活動に没頭する。

幼少期から音楽（日本民謡）に囲まれて育ち、ギター小僧となり、後にプロベーシストとして活動。大人になってから趣味で始めたバレエにハマり、芸術、身体運動、教育の統合に興味を持つ。

「身体条件の改善なくしてバレエの習得は無理」との考えから、2000年頃からバレエ整体を併設したバレエ教室の経営を始め、2002年4月にスタジオを構える。「ターンアウト整体」や「甲出し整体」など独自のサービスを開発すると共に、世界的なバレエダンサーとのコラボを次々と成功させる。

2015年から補助金の活用を始め、自筆でこれまでに10数件の採択を受けている。

2017年、片足立ちのバランス能力を改善する「イカ足サポーター」を開発し、複数の世界的バレエダンサーに舞台で愛用されると共に、国際学会での発表も行なう。

2018年、一般社団法人日本ワガノワバレエ協会理事に就任。2020年4月、完全オンライン型の大人のバレエレッスン「おうちdeバレエ団」の提供開始。

現在は、大学教員として教鞭を執る傍ら、対面とオンラインの生徒に同時にレッスンを提供するハイブリッド型のバレエレッスン提供システムを開発し運用中。

妻と息子1人と猫1匹、モルモット1匹の家族。横浜を中心に活動中。

イカ足サポーター https://ika.dfun.jp/

バレエスタジオDancingFUN https://dancingfun.net/

おうちdeバレエ団 https://o.dancingfun.co.jp/

読者特典

特別映像「補助金を活用して理想のビジネスに近づけていく方法」(60分間)

補助金を活用して「経営者の思い」を具現化するためには費用がかかりますが、補助金を活用すれば費用負担が楽になります。そこで、補助金を活用するための情報収集から選び方、経営者本人ができる申請書や実績報告書の書き方のノウハウを公開したセミナー映像を無料プレゼントします。

興味がある方は左のQRコードからお申し込みください。

※この企画は予告なく終了する場合があります。早めのご視聴をおすすめします。

CHAPTER 06

美容室の売上げを劇的に上げる！「店販」のすすめ

美容室クリップ・クラップ 庄司琢麻

東京都町田市で美容室クリップ・クラップを経営している庄司《しょうじ》琢麻です。

美容室ではカットやパーマなどの技術による売上げと、シャンプーや化粧品、ドライヤーなどの商品を販売する売上げの2種類があります。

この商品による売上げを、美容室業界では**「店販」売上げ**といいます。

なかには「技術」の売上げだけに特化した美容室もありますが、技術売上げに「店販」の売上げを加えると、一気にお店の売上げを拡大することができます。そこで、店販による売上げアップを目指すお店が多いのですが、これがなかなかうまくいきません。その理由は、美容室で販売している商品が**高額**だからです。

高額である理由は、ドラッグストアなどで市販されている商品に比べて圧倒的に高品質の素材を使っているからなのですが、これをうまく説明できずに店販売上げが伸び悩んでいる美容室が少なくありません。

そんな私も、以前は店販商品をすすめることが大の苦手で、全く売れませんでした。というより、売る気がありませんでした。なぜなら、私は「技術」に自信があったからです！

実はこれ、**美容室あるある**です。今考えると本当に恥ずかしい話です。店販売上げを上げられない言い訳をしていただけですからね。

そんな私が、今では店販だけで**1ヶ月で100万円以上**の売上げを上げるまでになりました。お店全体では15年前の年間の店販売上げが72万円だったのに対して、今では年間650万円を超えるまでになりました。9倍以上の売上げアップです。店販商品の利益率は50％以上なので、店販だけで**年間350万円以上の利益**が出ていることになります。

そのおかげで、今では会社を法人化し、社員の社会保険料もしっかりと払うことができるようになりました。ちなみに、美容室業界の社会保険の加入率は20％程度らしいですね。店販の売上げアップを実現することで、**社員が安心して働くことができる環境づくり**が実現するのであれば、やるべきだと思います。

それでは、なぜあれほど店販販売を苦手としていた私がなぜここまで変わることが出来たのか？

本書ではその辺りの話をさせていただこうと思います。

全スタッフ退社の危機！

その前に、少しだけ自己紹介をします。私は東京都町田市鶴川という、つい数年前までは駅の裏が田んぼだった片田舎で美容室を経営しています。独立当初は一人美容室でした。26歳の時に実家のガレージを勝手に改装してお店を始めました。

開店当初こそ苦戦したものの、少しずつお客様が増えていき、3年目で予約が取りづらい状況になりました。そこで、スタッフを雇用してお店を拡大。10年目には念願の駅前に移転拡張することができました。

このように、最初の10年間は順風満帆でした。移転拡張と共にスタッフを5人に増やし、売上げも右肩上がりでした。

しかし、そんな矢先にトップスタイリストが独立し、いきなり赤字に転落しました。何とかこれを立て直しましたが、その後新たな問題が発生しました。スタッフ間のいざこざで**全スタッフ退社の危機**に直面します。話し合いの末、何とか2人が残ってくれましたが、その後スタッフの独立で再び赤字に転落してしまいました。

これらの経験から、人を増やさずに（人が減っても）売上げを上げるためには店販に力を入れるしかないと感じました。この時から苦手だった店販に真面目に取り組むようになりました。

ある高額セミナーとの出会い

しかし、世の中はそんなに甘くはありません。お客様に商品の魅力を一生懸命説明しても、店販キャンペーンをやってもほとんど売れません。

それでも試行錯誤しながら努力をした結果、店販の売上げ

念願の駅前に移転拡張した現店舗

が年間200万円を超えるまでになりました。

しかし、それ以前から別の問題が起こっていました。**美容業界の極度の人材不足です。**店販の売上げは少しずつ上がるようになっていましたが、人手不足で中途採用したスタッフのほとんどが数ヶ月で辞めていきました。

そこで、今度は**「求人」**に力を入れることにしました。

すると、求人活動をしている中で、**お店の「売り」**が明確になっていないことに気づきました。骨格補正のカットは得意だけど、同じようなお店は他にもたくさんあるし…。

お店の「売り」がわからずに悶々としていた頃、ある**高額セミナー**に参加しました。スタッフを増やさずに利益を増やすことをテーマにしたセミナーです。まさに私が求めていたセミナーでした。

その時の高額セミナーが私のターニングポイントとなりました。特に印象に残っているのが、フロントエンド商品とバックエンド商品で利益を最大化していく手法です。薬局がトイレットペーパーを格安で売って、ついで買いで利益率の高い化粧品などを買ってもらうあのやり方です。

もちろん、そのような販売方法があることは知っていましたが、これを美容室で活かすということは全く考えていませんでした。

ちなみに、私たち中小企業が生き残る道は**「単価アップ」**しかありません。(値下げや割引戦略は大手の手法ですからね)単価を上げる方法は店販、高額商品・メニュー、値上げなどたくさんありますが、本書では**「店販を活用した単価アップ法」**を中心に話を進めていきます。

余談ですが、高額セミナーに行ったことがない方は、一度参加してみることをおすすめします。そこに参加している人たちは高額の参加費を払って来ているだけあって、成功している方が多く、参加者同士で話をするだけでも**マインド（考え方）が変わるメリット**があります。「マインドコントロール」という言葉がありますが、実はこれこそがマインドを変える最も効果的な方法だと思います。

また、高額セミナーの参加者が豪華でした。（講師はもちろんのこと）今当店で販売している育毛、髪質改善縮毛矯正、小顔矯正の講師が揃っていて、それらのサービスを取り入れることで、お店の「売り」が完成したといっても過言ではありません。

そして、この「売り」がきっかけで、その後の店販にとてつもなく大きな影響が出始めました。

２０１８年の店販売上げは年間４００万、２０１９年は６５０万を超えました。（いずれもスタッフ数は５人です）今年は**１０００万円の大台**を狙っていたのですが、コロナの影響でさすがに難しい状況となりましたが、これを機に商品販売のオンライン化やサブスクリプションシステムを取り入れるなど、新しい売り方を今構築しています。

もちろん、技術の売上げも順調です。技術の売上げに店販の売上げが加わると、一気に客単価が跳ね上がる効果が得られます。

お店の「コンセプト」と「ターゲット」

それでは、なぜ私が店販の売上げを上げられるようになったのか、その理由を説明していきます。

私はまず、**お店の「コンセプト」と「ターゲット」**を見直しました。「コンセプト」と「ターゲット」と「店販」には何の関係もないと思うかもしれませんが、実はこの部分がとても重要なのです。

独立当初のコンセプトは**「フランクな接客、ハイクオリティな技術、リラックスできる空間」**でした。「とにかく自分も楽しく、でも最高のデザイン、でみんながくつろげるお店でありたい」という思いから、このようなコンセプトにしました。

ターゲットは**「おしゃれファミリー」**でした。これは営業時間の全てを埋めることが最も効率的だと思っていたので、客層の幅を広くするために設定しました。

いかがですか？　私の独立当初のコンセプトとターゲットは。今見ると、微妙ですね。ぼんやりしています。何となく言いたいことはわかるのですが、どのポジションなのかがはっきりしません。

ターゲットも悪くはないと思います。これにより、実際にファミリー客が増えたので。しかし、忙しい割には儲からない状況が続きました。その要因は、**客単価の低さ**にありました。

ところで、世の中にはコンセプトとターゲットを設定しないままにお店を開店する人がいますが、そのようなお店ほど短期間で閉店していくような気がします。お店のコンセプトとターゲットが明確になっていないと、お店の特徴がぼんやりしますから、お客様から支持されることはありません。だから、売上げが上がらずに閉店していくのです。

だからこそ、お店のコンセプトとターゲットには徹底的にこだわる必要があります。ここを疎かにしてしまうと、私のように苦労が絶えない状況に陥ってしまいますので。

そこで、**コンセプトとターゲットを設定する方法**を説明します。

コンセプトはお店のオーナーの考え方や世界観を伝える必要があります。具体的に何をするかではなく、**お客様にどのような結果を持たらしてくれるのか？**　がわかるようにしてください。

ターゲットも、最終的にはいろんな年代に来ていただきたいのですが、ここもより絞った方がコンセプトに共感していただきやすくなります。具体的に説明します。

以前の私のお店には、実際にファミリーで来店する方が多く、幅広い年齢層のお客様が来店していました。ところが、カットだけのお客様が多くて、忙しい割には利益が増えない状況が続いていました。

その後、お店の「売り」が明確になり、これを打ち出したところ、高単価メニュー（育毛、髪質改善縮毛矯正、小顔矯正）を希望するお客様が増えていきました。特に育毛を希望するお客様に「悩みを解決できる商品」をおすすめすると、ほとんどの方が割引なしで購入するようになりました。

そう。**お客様は悩みを解決したいのであって、安い商品を求めているわけではなかったのです。**

「快」より「痛み」のほうが響く

人、特に女性は「キレイになること」よりも「老けていくこと」などの痛みにとても敏感です。つまり、**「快」より「痛み」のほうが響く**ということです。

年齢と共に髪が細くなり、ボリュームがなくなり、ぱさぱさしてとても疲れた表情に見える。そんな自分には耐えられないのです。

お店の「売り」が明確になる前は、お客様の深刻な悩みに対しても「まだまだ大丈夫ですよ」とニコッと笑ってごまかしていました。なぜなら解決方法が分からなかったからです。

でも、今は違います。きちんと勉強して学んだ今は、自信を持って商品をおすすめできるようになりました。すると、ほとんどの人が商品を購入していきます。

このように、「キレイになりたい人」よりも「老けたくない人」をターゲットにして、その人たちに向けたコンセプトを考えると高単価に持っていきやすくなります。

今の日本の女性の平均年齢は**47歳**なので、今後はその年代のボリュームゾーンを意識した方がいいと思います。

同時に、20~30代の女性でも将来のことを心配している方がとても多いですし、むしろ髪や肌は若い時からお手入れをしているかどうかで、40代以降の老化のスピードが天と地ほど変わってきます。

ちなみに、髪が最高に良い状態は何歳の時かわかりますか？　実は、**17歳**です。その後、ドライヤーやパーマ、カラー、紫外線、頭皮の老化などで少しずつ劣化していきます。だから、少しでも良い髪を持続させたいのであれば、17歳頃からケアを始めれば劣化や老化を防ぐことができます。

そこで、当店では若いお客様にも**20代からのケアの重要性**を伝えています。そうすることで、知識が増えて、ドラッグストアなどのシャンプーは選ばなくなります。

このように、ターゲットを40代に絞って「快」より「痛み」を訴えると、意外と20~30代のお客様にも響くことがわかりました。

値決めは経営

今までの経営の中で一番失敗したことは**値決め**です。「安いこと=良いこと」だと思い込んでいて、他の美容室の価格を参考にしながら、それよりもやや安めに価格を設定していました。

「値決めは経営」という言葉がありますが、本当に値決めは重要です。また、一度決めた価格はなかなか変更できないし、最初から全体の値段が高ければ利益を出しやすくなります。

だから、価格を高めに設定して、ターゲットのお客様がその価格でも喜んでいただけるようなメニューや施術内容、商品を考えるべきでした。

値段を決める上で一番おすすめする方法は、**逆算**で決めていくことです。まず最初に**どのくらいの利益が欲しいのか?**を考えましょう。意外とここが抜けている人が多いですね。私たちは利益を得るために会社経営をしているはずですから、実はこの部分が最も重要です。

欲しい利益が決まったら、次はその利益を得るために必要な売上げを決める。その売上げを得るためには何人のお客様が必要なのか? 広告費は? まだお店出していないであれば、どこの場所で、どのくらいの広さのお店で、必要なスタッフは何人? …というふうに、全て逆算で決めていけば正しい値決めができます。

私自身、この考え方に変えてから、独立当初5000円台だった客単価が、今では1万円台になっているので、かなり利益が出しやすくなっていますし、スタッフの給与も同業他店に比べると高めに設定することができるようになりました。

あなたは何屋さんですか？

突然ですが、「あなたは何屋さんですか？」と尋ねられたら、どのように答えますか？

独立当初の私は明るく「私は美容師です！」と答えていました。しかし、今は**「美容を通して関わった人をワクワクハッピーにさせるお悩み解決サロンをやっています」**と答えます。

この答えが明確になればなるほど行動や言動が変わってきますし、この答えによってターゲットやコンセプトが変わってきます。そして、これこそが**儲かる美容師になれるかどうかの分かれ道**となるのです。

「私は美容師です！」と答えていた頃は、お客様にすすめるものは最新のカットスタイルや今年のトレンドカラーでつくるヘアカラーリングなど、「技術」を売っていました。

しかし、今は違います。「美容を通して関わった人をワクワクハッピーにさせるお悩み解決サロン」である今は、正しいシャンプーの選び方や、髪や頭皮にとって大切なこと、ストレートパーマと縮毛矯正の違いなど、**お客様の悩みや不満を解消する話**を提供しています。

そう。これこそが当店の店販が劇的に伸び始めた最大の秘密なのです。

はっきり言います。**売れない人は商品の話をしていません。**

当たり前のように聞こえるかもしれませんが、店販を売りたいと思っているのに商品の話をしていない方がとても多いのです。商品の話をしなければ、店販商品が売れることは絶対にありません。

私は、お客様に合った商品やメニューを提案しないのは**罪**だと思っています。なぜなら、お客様はいつまでもキレイでいたいから。老けたくないから。そのために、お客様は自分に合った商品やメニューを教えてほしいのです。買うかどうかはわからないけれど、良い情報は教えてほしいと思っているのです。

当店ではほぼ全員のお客様に、その人に合ったシャンプーやスタイリング剤などをおすすめしています。その人に合うものであれば、高額の業務用ドライヤーをおすすめすることもあります。

初めて2万円のドライヤーが売れた時、お客様から「こんなのが欲しかったの！」と言われて、逆に驚いたことを覚えています。「この人は興味ないだろう」とこちらの勝手な思い込みで情報を伝えないことでは**プロ失格**です。私たちプロの美容師の役目は、お客様に良い情報を提供することです。

ちなみに、あなたがお客様で、他のお客様にはシャンプーのキャンペーン情報を説明しているのに、あなたには一切説明がなかったらどのように感じますか？「なぜ、私には説明をしてくれないのだろう？」と落ち込んでしまうかもしれません。だから、良い情報は必ず全てのお客様に提供してあげるべきなのです。

高単価サロンのつくり方

「美容師」から「美の伝道師、お悩み解決マン」に変わった私は自然とマインドが変わりました。マインドが変わると、行動が変わり、どのポジションで戦うかが明確になりました。今振り返ると、「このことにもっと早く気づきたかった」というのが正直な気持ちです。

ポジショニングが明確になると、過度に売り込まなくても売れるようになります。全くストレスがありません。それどころか、お客様に感謝される上に利益が増えていくのです。**これ以上に理想的な形があるでしょうか。**

ポジショニングが明確になった後は、ターゲットをより具体的にしていきましょう。**理想のお客様像をより細かく設定していく作業です。**

当店の理想のお客様は「40～50代でまだまだ人生を謳歌したい、ちょっと子供から手が離れて金銭的にも時間的にも余裕のある大人女性」です。ここまで細かく設定すると、その方の悩むことや解決したい髪や健康のことがわかってきます。

40～50代の女性の髪の悩みは（繰り返しますが）髪が細くなり、ボリュームがなくなり、ぱさぱさしてとても疲れた表情に見える。そんな自分には耐えられないことです。

その悩みを解決する商品、しかも実際に施術で効果を感じられる商品を、日頃から信頼している美容師さんがおすすめしたら…？　**売れないわけがありません。**

余談ですが、理想のお客様の悩みを手っ取り早く掴みたい場合は、「ヤフー知恵袋」や「教えてｇｏｏ」で調べたり、「グーグルサジェスト」にキーワードを入れるとそれに関連したキーワードが出てくるので、同年代のお客様がその関連キーワードで検索していることがわかります。そこで、そのキーワードの悩みを解決する商品やメニューをおすすめすると、多くの場面で「そうそう、こんな商品が欲しかったの！」と言われるようになります。

このように、自分のポジショニングが決まったら、ターゲットをより具体的にしていきましょう。すると、そのターゲットのお客様の悩みが具現化してくるので、その解決策をコンセプトに入れると高単価サロンが実現していきます。

お客様が思わず質問をしたくなるＰＯＰ

「それでも、やっぱり商品をおすすめするのは苦手です」という方におすすめするのが**店内ＰＯＰ**です。

今でこそ私のお店の店内はＰＯＰだらけですが、独立当初はＰＯＰが大嫌いでした。はっきりいって、ダサいと思っていました。でも、今ではＰＯＰ大好き人間になりました。なぜなら、商品が売れるからです。

どのようなＰＯＰが売れるのかといいますと、お客様が思わず質問をしたくなるＰＯＰです。そう。ＰＯＰの役目は、**ＰＯＰに書かれていることをお客様が尋ねてくれること**なのです。

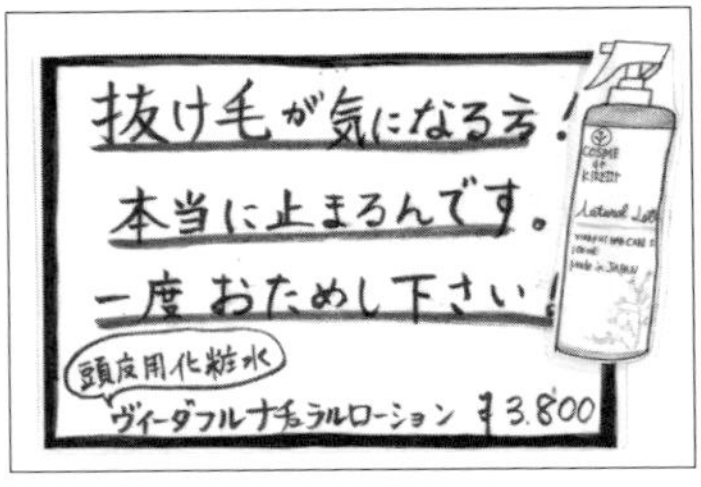

お客様が思わず質問をしたくなる POP

お客様から尋ねられると、その質問に対して答えるだけなので、全く売り込み感がありません。むしろ、お客様に役立つ情報をお伝えしている構図になるので、とても喜んでいただけます。

そして、お客様が尋ねた時に絶対にやってほしいことがあります。それは、**クロージング**です。せっかくお客様が商品に興味を持ってくれているのに、商品の話だけを延々としてクロージングをしないなんて、もはや意味がわかりません。

はっきりいって、自分の方から「POPの商品を欲しいのですが」と切り出すお客様はほとんどいません。だから、必ずこちらからクロージングをしましょう。

ただし、「是非買ってください！」とお願いクロージングをするのはNGです。最も売りやすい言葉は**「是非一度使ってみませんか？」**です。

これなら売り込み感はないし、イエス・ノーの返事をもらいやすいのでとても便利です。

その際にお客様からよく寄せられる質問があります。「でも、そのシャンプーはお高いんでしょう？」という質問です。これに対しては次のように答えてください。

「なぜ高いと思います？」

これ、最強の切り返しトークです。質問を質問で切り返すことで、こちらが主導権を握り、さらにお客様が質問に答えることで、お客様自身で高い理由を納得してしまうのです。

「やっぱり、良い成分をたくさん使っているのですよね？」というふうに。

「さすが、○○さんはわかっていますね！」はい、これでお買い上げです。

まあ、ここまでシンプルではありませんが、結構このような感じで売れることが多いですね。

また、「なぜ高いと思います?」という質問に対してお客様が答えるまでは、ニコっと微笑みながらも絶対に沈黙を守ってお客様に答えてもらうようにしてください。ここでお店側が先に答えを言ってしまうと、売り込みっぽくなってしまい、売れにくくなりますので。

店販の売上げアップに目覚めた瞬間

当店では、毎年年末に大きなキャンペーンをしていますが、今ではPOP1枚で200万以上売り上げることもあります。

一番最初にプチブレークしたのは、先ほど説明したクロージングの仕組みをつくった時でした。おすすめした商品をセット面（お客様が座る座席）に置き、お客様の手に取ってもらえるようにして、お帰りの際にはお会計のテーブルの端に商品を置いて、「先ほどの商品ですが、よかったら使ってみませんか?」というフレーズでクロージングをしてみました。すると、面白いように売れるのです!


店販の売上げアップに目覚めた瞬間です。


さらに、ここで新しいルールを加えました。例えば、あるスタッフがクロージングをしたのか? 既に断られた後なのか? がよくわからないため、別のスタッフが重複してクロージングをする場面が出てきました。これはお客様にとって迷惑なので、ルールを加えました。

まず、買う意思がある人を「A」、迷っている人は「B」、買う気がない人は「C」と伝票に書くことにしました。

そうすれば、Ａの方には「先ほどの商品はこちらです」と案内できるし、Ｂのお客様には「よかったら使ってみませんか？」とプッシュすることができます。もちろん、Ｃのお客様にはそれ以上クロージングをすることはありません。このルールを加えることで、それぞれのお客様に合わせたクロージングができるようになりました。

次回の施術で使える優待券プレゼント企画

その後もいろいろな工夫を重ねていきました。

そんなある日、メーカーの担当者と相談をして、「今年の年末キャンペーンでは優待券のプレゼントをしてみよう！」ということになりました。

お買い上げ金額に合わせて、**次回の施術で使える優待券**をプレゼントする企画です。

お客様へ感謝の気持ちを込めて、１万円以上お買い上げで１０００円の優待券を５枚プレゼントすることにしました。

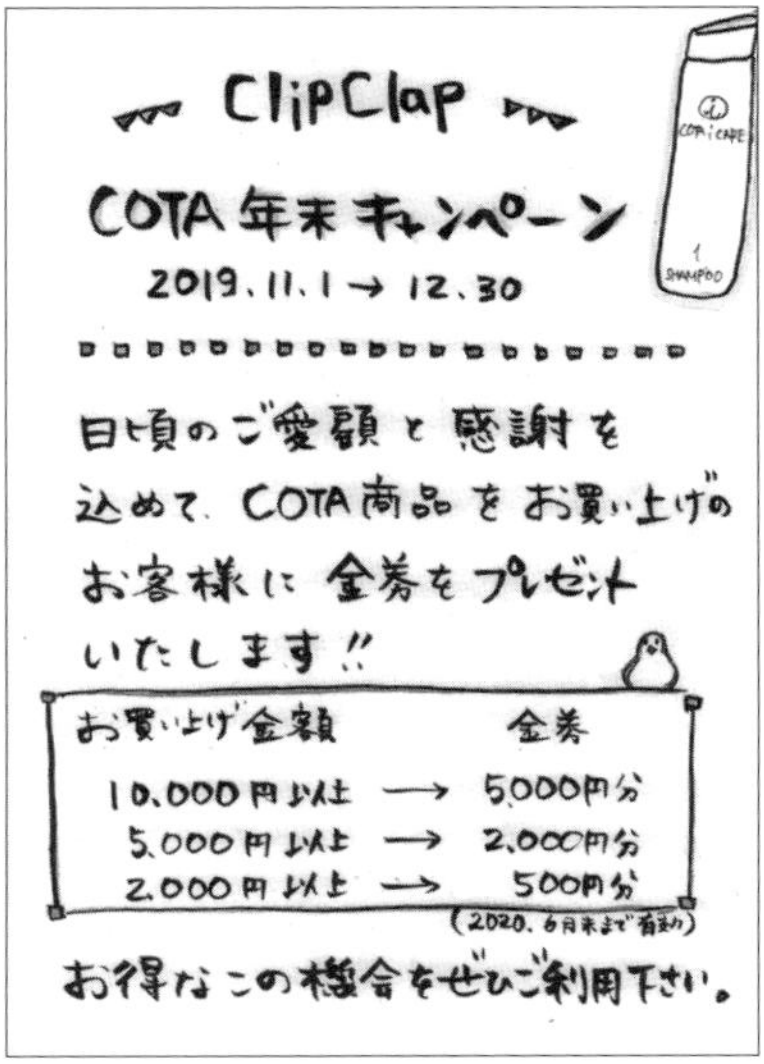

1万円の支払いで5000円キャッシュバックですから、買わない方がおかしいくらいのプレゼント企画です。当然、バカ売れしました。

しかし、この企画にもからくりがあります。優待券の使用期限は6ヶ月で、「1回の来店につき1枚の使用に限ります」というルールを設定しました。つまり、6ヶ月で5回来店しないと使いきれない計算です。だから、お客様はほぼ毎月来店して消化してくれます。優待券を消化するために来店サイクルが早くなり、通常よりも1回多く来店すると優待券分の損失はチャラになりますから、実質的な損失はありません。

どうしても優待券を使いきれない場合は、紹介券としてご家族やお友達に譲渡することもできるので、6月頃には**紹介客が増えるメリット**もあります。

継続的に店販売上げを上げ続けるコツ

この年末キャンペーンは毎年行なっていますが、キャンペーン期間中は**商品の話**しかしません。店内の会話は商品の話で大盛り上がりです。新人でまだお客様とうまく会話ができないスタッフも、年末キャンペーンを経験すると、みんな会話がうまくなっています。

さらに、自分が商品をおすすめしたお客様には、再来店時に必ず「前回お買い上げの商品を使ってみましたか?」と尋ねるようにしています。これにより、お客様に売りっぱなしではない印象を与えることができますし、商品をすすめたスタッフにも**責任感**が芽生えます。

そして、もっとお客様を喜ばせたいと、商品や成分の勉強を自らするようになります。お店にとっても、お客様にとっても、新人スタッフにとってもメリットがある企画なのです。

最後に、**継続的に店販売上げを上げ続けるコツ**を説明します。

お客様にとっての「店販」とは、何を買うか？　ではなく、**誰から買うか？**　です。

最初のきっかけはキャンペーンかもしれませんが、その後のフォローで「私はこのお店に大切にされている。このお店にとって必要なお客様なんだ」と感じてもらえるようになります。

これこそが最も重要なポイントなのです。

いかがでしたでしたか？　店販に対する考え方が少しでも前向きになっていただけたら幸いです。

昔、参加したあるセミナーで衝撃を受けたフレーズがあります。

「共に勝つ」

私はそれまで、勝負は勝つか負けるか、だけだと思っていました。しかし、「共に勝つ」という言葉を初めて聞いた時、みんなが幸せになっている姿が目に浮かびました。

これが私の目指している世界だ！　と感じました。

お店の売上げが上がるということは、喜ぶお客様が増えるということです。だから、良い情報をどんどんお客様に提供してください。

きっとお客様に感謝されるはずですから。

美容室クリップ・クラップ　庄司琢麻

著者略歴

庄司 琢麻（しょうじ たくま）

美容室クリップ・クラップの代表兼トップスタイリスト

1969年東京都町田市生まれ。

都内1店舗を経て、地元町田市鶴川の住宅街に26歳で独立。

金なし、お客なしの一人サロンオーナーとしてお店をオープンするものの、1年目は集客に大苦戦。

住宅街の一角のお店で、新規は紹介だけだったので、お客様のリピートがその後の売上げを大きく左右する状況の中で、カウンセリングの重要さに気づき、リピート率95％超のカウンセリング術を身につける。

その後、スタッフを増やして鶴川駅前に拡張移転するものの、度重なるスタッフの退職で美容室の在り方を考え直し、店販に力を入れ始める。恒例の年末キャンペーンではたった2ヶ月間で店販だけで250万ほど売り上がるようになる。さらに、縮毛矯正、育毛の得意な美容室に転換して高単価サロンの仲間入りをした。

また、現代カットの生みの親であるヴィダルサスーンの日本校の講師に誘われるが、組織に縛られたくない自由人の血が騒ぎ、独自の理論で講習を行なっている。

現在は店販商品販売のオンライン化やサブスクリプションシステムを取り入れるなど、今新しい売り方を構築中。また、自然の中にヴィラを建てて、東京と田舎暮らしをしながら世界を旅することを目標に邁進中！

ツヤ髪大学（縮毛矯正）認定講師・一般社団法人全日本縮毛矯正協会 認定講師

JSL日本頭皮環境改善協会 認定講師・町田美容専門学校 外部講師

一般社団法人一生美容に恋する会 認定サロン

美容室clipclapホームページ https://www.clipclap.jp

縮毛矯正専用ホームページ http://syukumou-clipclap.com/

読者特典

特別映像「年末たった2ヶ月で250万円の店販売上げを実現させる方法」

本文で紹介した「年末キャンペーン」を徹底解説した対談映像を無料プレゼントします。本文中には語られなかったさらなる詳細情報や、売上げアップに貢献するPOPなどを惜しみもなく公開しています。興味がある方は下記URLまたは左のQRコードからお申し込みください。

https://my168p.com/p/r/xpx3MWPe

※この企画は予告なく終了する場合があります。早めのご視聴をおすすめします。

CHAPTER 07

プレスリリースで老舗ラーメン店が大逆転した物語

ビンカンパニー 辻山敏

福岡県福岡市で広告プランナーをしているビンカンパニー代表の辻山《つじやま》敏です。介護施設を紹介する雑誌出版社から脱サラ、独立起業して約10年が経ちます。現在は、福岡市で広告プランナーとして活動をしています。大手新聞社が毎月70万部発行している雑誌の企画編集をはじめ、幅広い業種の企業の広報、広告、販促のコンサルティングを行なっています。

特にシニアマーケットに長年関わってきた中でつくり上げた**シニア発想マーケティング**という独自の考え方に基づいて、「わかりやすい」「ていねい」をモットーに企業の販促活動の支援を行なっています。

本書では**プレスリリースを活用した成功事例**を紹介します。プレスリリースとは、ほぼ無料でテレビに取り上げてもらうためにテレビ局に提出するA4サイズの企画書のことです。

私の経験上、多くの消費者に瞬間的に認知してもらう方法として、テレビというメディアは今でも最強の媒体の一つと感じています。現在、テレビ離れが進んでいたり、時代はインターネットという風潮もありますが、**瞬時に100万人以上の消費者に情報を届けることができるメディア**はテレビ以外にはありません。

例えば、有名ユーチューバーの動画再生回数が100万回を突破したと聞くと「すごい!」と感じるかもしれませんが、ユーチューブの100万回という再生回数をテレビの視聴率に置き換えると、視聴率1%程度に過ぎません。

どんなインフルエンサーでも、投稿した瞬間に100万人にアプローチすることはできませんが、テレビは一瞬で100万人の目に触れることができるのです。だから、テレビに出ることができれば、かなり多くの方に情報を届けることができるわけです。

ただし、瞬時に100万人にアプローチできるのは全国放送の場合です。本書で紹介する事例は、民放（福岡県）に取り上げられた事例です。その場合は約30〜35万人へのアプローチとなりますが、それでも十分大きな反応が得られますし、民放がきっかけで全国放送に取り上げられることも珍しくありません。また、民放で成功事例を重ねることで、その後全国放送へチャレンジすることもできるでしょう。

SEO対策（検索エンジンの上位表示対策）をしている方やGoogleトレンドなどで流行りのキーワードを探している方ならおわかりだと思いますが、テレビで取り上げられると**トレンドキーワード**に影響が出ます。例えば、テレビで納豆が健康に良いという番組が放送されたら、「納豆」というキーワードの検索数が一気に上がりますし、スーパーでは納豆が売り切れたりします。このように、テレビがきっかけでバズることはとても多いのです。

インターネットの時代といえども、テレビの影響はまだまだ大きく、情報発信の上流に位置していることをご理解いただけるのではないでしょうか。

ラーメン店の販促施策の失敗

私は2020年3月までの約3年間、中小企業庁が各都道府県に設置した「中小企業が無料で経営相談ができる機関」に在籍していました。その際、相談を受けた福岡県北九州市にあるラーメン店の店主である岸川さんの事例を紹介します。

「移転をしなければいけないのですが、移転先の場所が悪くて困っています」

岸川さんが嘆きました。岸川さんは、北九州市で創業30年以上のラーメン店「笑福亭」を経営している店主です。名物メニューは、**「とんかつラーメン」**というユニークな商品です。

実は、北九州市にはちゃんぽんに唐揚げが入った名物ちゃんぽんがあり、ラーメン店創業後に目玉商品をつくろうと考えていた岸川さんは、「それならラーメンにとんかつが入っていてもいいのでは？」とひらめきました。とんかつに使用する豚肉の部位や衣の厚さなど試行錯誤の末、揚げたてのとんかつをのせたラーメンを開発しました。

その「とんかつラーメン」は見た目のインパクトだけでなく味も美味いと評判になり、プレスリリースを出さなくても**全国区のテレビ番組が取材に来るほど注目を集めました。**福岡で「とんかつラーメン」といえば、すぐに「笑福亭」を思い浮かべる方も少なくないほどです。

それほど有名なお店だったのですが、店舗の老朽化と共にラーメン激戦区の競合激化、固定費の負担増加などの理由で、やむなく移転をしなければならなくなったのです。

そこで移転先となったのが、大通りからかなり奥まった住宅街の中にある場所でした。他の飲食店の店主からは「ちょっと勇気がいる場所だね」と酷評された場所でしたが、タイミングは今しかないと思い、移転を決意しました。そこで、移転後の販促活動のための相談で私を訪ねてきたのです。

当初のアドバイスとしては、移転まで時間がなかったこともあり、これまでの顧客リストがたくさんあることを利用して、**既存客が確実に新店舗へ行けるように誘導すること**を中心にアドバイスをしました。

具体的な内容は、既存客へのＤＭ（ダイレクトメール）の送付や電話案内、近隣住宅へのチラシポスティング、エリア内に配られるフリーペーパーへの広告出稿やクーポン券の発行などです。

しかし、これらの施策は思った以上の成果が出ませんでした。もちろん、新店舗オープンの内容を伝えるプレスリリースも行ないましたが、反応がありません。いくら過去にテレビに取材を受けたことがある人気店でも、単なる引越しの内容では反応が得られなかったのです。

そこで、私はこの結果をしっかりと受け止めながら次の手を考えました。

それは、**「集客装置」「リピートの仕組み」「クチコミの仕組み」「新規顧客の仕掛け」**の４つに分けて集客導線を考えるというプロモーション施策です。それぞれ具体的に説明します。

まず**「集客装置」**の部分では、店舗の看板に電光掲示板を加えることと、周辺の電柱看板に誘導サインを設置しました。

「リピートの仕組み」は、次回から使えるクーポン券を用意することと、ＬＩＮＥ公式アカウントを導入して顧客の囲い込みを行なうことにしました。

「クチコミの仕組み」は、インスタグラムとＧｏｏｇｌｅマイビジネスの導入です。

「新規顧客の仕掛け」は、あまり予算をかけられないこともあり、ほぼ無料でできるプレスリリースを活用したメディアへの情報発信を行なうことにしました。

本書では、このプレスリリースについて重点的に解説します。

プレスリリース成功事例①「タピオカ坦々麺を始めました!」

プレスリリースとは、A4サイズの用紙1~2枚にメディアが取材したくなるような情報を書き記して、各エリアの記者クラブに持ち込むのが基本の流れです。

ここでいうメディアとは、テレビ局と新聞社です。持ち込んだプレスリリースは各社の担当が記者クラブに引き取りにきます。もちろん、ほとんどのプレスリリースは採用されないことが多いのですが、笑福亭の場合は半年の間に2回もメディアに取り上げてもらうことができました。

まず1つ目のプレスリリースは、**「タピオカ坦々麺を始めました!」という企画**です。

「えっ、ラーメンにタピオカを入れるの?」と驚くかもしれませんが、実は「笑福亭」の移転先の周辺には多くの看護師が働いている病院と女子高校があるため、女性向けの商品をつくれないだろうかと考えていました。そこで生まれたのがタピオカ担々麺です。

とんこつベースのピリ辛スープにタピオカを入れた女性向けの商品です。一般的なタピオカドリンクは、タピオカをシロップ漬けにしているので甘いですが、ラーメンに入れるタピオカはシロップ漬けにはせずそのまま入れます。なんともいえない食感がクセになる一品が完成しました。

このプレスリリースを受けて取材に来たのは、福岡の人気情報番組「めんたいワイド（FBS福岡放送）」です。取り上げられたコーナーのタイトルは「あの人気だったタピオカの今を追跡する」で、ラーメンへと進化を遂げたタピオカを女性レポーターが食レポするという内容でした。

すると、女性はもちろん男性からも反響があり、意外に相性が良いタピオカとピリ辛豚骨スープにリピート客が続出しました。

プレスリリース成功事例②「100歳のお誕生日会プレゼント」

2つ目の取材は、**「岸川シズ子さん100歳のお誕生日会　プレゼントは息子のラーメン食べたい」**というプレスリリースです。店主の岸川さんの母親が100歳になったお祝いにラーメンを振る舞うという内容のプレスリリースです。（次ページ画像参照）

このプレスリリースはデザイン的にはそれほど凝ったものではありませんが、メディアが好む内容として取り上げられました。

メディアに採用された要因をまとめます。

- **高齢化という社会背景を反映し、100歳を迎えたという長寿を祝うニュース性**
- **100歳を迎えた母親が息子のつくったラーメンを食べたいという願いを息子（岸川さん）自ら叶えようとする親子愛が詰まった内容**
- **食事制限がある高齢者施設でラーメンを振る舞うという意外性**

プレスリリース　報道者各位　2020/01/10

岸川シズ子さん 100 歳のお誕生日会
プレゼントは「*息子のラーメン食べたい*」

特定非営利活動法人『憩いの家』責任者の北原○○です。ご高齢者さまに雄大な自然を前に、心穏やかな生活を送って頂くグループホームです。

2020 年 2 月 2 日にホーム最年長者である岸川シズ子さんがめでたく 100 歳になられます。それを記念して誕生日会を行います。

大正 9 年生まれのシズ子さんは、昭和、平成、そして令和の 4 つの時代を生きてこられ、安倍内閣総理大臣からもお祝いと表彰を頂きました。誕生日に欲しいものを尋ねると「息子のラーメンが食べたい」と仰いました。それ聞いて、シズ子さんの息子さん兄弟が憩いの家で入居者・スタッフ一同にラーメンを振舞って頂くことを提案してくださいました。長男の義隆さんは地域の老人クラブの会長などを務める方で、次男は創業 32 年の老舗ラーメン店の店主です。

長さ半分にカットした麺やミキサー食などを用いてご高齢でも食べやすい工夫を施す予定だそうで、シズ子さん及び入居者の方々の喜ぶ姿を心待ちにしています。

つきましては、岸川シズ子さんの誕生日会の様子をご覧になりませんか?

人生 100 年の時代にも関わらず先の課題は山積みで不安はつきませんが、憩いの場で明るく過ごすシズ子さんや入居者の方々の姿を伝えることで将来に対して悲観的な若者・中高年が期待を持って頂く機会になればと考えております。どうぞご一考いください。

問い合わせ先

さらに、プレスリリースの発信元を岸川さんのお店ではなく、母親が暮らしている高齢者施設からにしました。一般企業を取材するよりも、高齢者施設を取材する方が**社会貢献的な意味合い**が大きくなることを狙ってのものです。

このプレスリリースを受けて、なんと4局ものテレビ局が取材に来ました。そのうち実際に放送したのは2局でしたが、1局は「高齢者施設の変わった取り組み」として夕方の情報番組「今日感テレビ（RKB毎日放送）」で5分間取り上げられました。2局目はタピオカ担々麺と同じ番組「めんたいワイド」が取り上げてくれましたが、25分もの長尺で取材をしてくれました。

私はサラリーマン時代にテレビ番組を買い取って自社番組を制作したことがありましたが、30分の番組枠の値段は制作費込みで180〜200万円ほどしました。これで計算すると、今回のプレスリリースは**150万円以上の広告効果**を得たことになります。

これらの番組を見て、移転前からのお客様が再来店してくれるようになったり、新店舗の近隣住民からも**テレビに出ているお店**として認識してもらえるようになるなど、多くの反響が得られました。

このプレスリリースを中心とした「集客装置」「リピートの仕組み」「クチコミの仕組み」「新規顧客の仕掛け」の4つの集客導線がうまく機能し始めたこともあり、新店舗へ移転して約半年を迎えた頃には、新たに挑戦した物販商品の注文が殺到するなど、早くも**人気繁盛店**になっていきました。

岸川さんはプレスリリースの効果を次のように語ってくれました。

「プレスリリースでテレビに出ることによって、新しいお客様が来てくれるし、これまでのお客様も喜んでくれます。アドバイトの学生たちもテレビに出たお店で働けることで、意欲的に働いてくれるようになりました。また、遠くに住む家族や親戚からも応援の声が届くようになり、嬉しい限りです。これからも定期的にプレスリリースで最新情報を発信していくつもりです」

このように、テレビなどのメディアに取り上げられると、幅広い消費者層にアプローチすることができます。すると、新規客の獲得だけでなく、既存客や従業員、親戚からも反響を得られるのです。

それでは、どのようなプレスリリースの原稿をつくれば、メディアから反応を得ることができるのでしょうか？　そこで、ここからは**反応が得られるプレスリリースのつくり方**を解説していきます。「企画のつくり方」「書類のつくり方」「書類の提出方法」「フォロー体制」の４つに分けて、それぞれ説明していきます。

【企画のつくり方】４段階で企画を考える

プレスリリースの原稿は、次の４つのポイントを踏まえて企画をつくってください。

1段階目…トレンド性・タイムリー性
2段階目…公共性・社会性・地域性
3段階目…ストーリー性・オリジナル性・話題性
4段階目…どう取り上げられるか

まず、1段階目の**「トレンド性・タイムリー性」**ですが、「タピオカ坦々麺」の場合はタピオカという流行に合わせた内容でした。タピオカはやや下火になりつつありますが、テレビ的にはまだまだ視聴率を稼げる内容だったので採用されたのでしょう。「お母様の100歳誕生日」の場合は、100歳という年齢の区切りの良さがタイムリーさを生み出しました。

この「トレンド性」を抑えるためには、新聞のラテ欄（ラジオ欄・テレビ欄）を見て情報番組の傾向からトレンドを見つけたり、ツイッターのトレンドランキングやGoogleトレンドのランキングなどを参考にするといいでしょう。さらに、女性誌や雑誌の特集記事もトレンドを抑えているので参考になります。

「タイムリー性」を抑えるためには、季節のイベントや二十四節気、七十二候や記念日などを意識するといいでしょう。

2段階目の**「公共性・社会性・地域性」**は、「お母様の100歳誕生日」では高齢化社会という社会性と高齢者施設という地域性を抑えました。社会問題を受けたトピックスは報道番組でも取り上げてもらいやすくなります。

「地域性」は、「地元食材を使う」「地元出身の作家の作品を使う」「地元企業のコラボレーション」などがヒットしやすくなります。

3段階目の**「ストーリー性・オリジナル性・話題性」**は、「タピオカ坦々麺」は商品そのものにオリジナル性と話題性がありました。「お母様の100歳誕生日」は、岸川さん親子の親子愛にストーリー性が感じられます。

この3段階目は、**番組のコーナーの特色**を掴むことで、ピンポイントにヒットしやすくなります。例えば、「日本初の〇〇」などは最新情報を取り上げる番組で採用されやすいですし、「グッドデザイン賞受賞」や「モンドセレクション金賞」などの受賞歴は信頼性が高い話題になるので、メディアに取り上げられやすくなります。

最後の4段階目の**「どう取り上げられるか」**は、「このプレスリリースはどのような取材ができるのか?どのような映像をつくれるのか?」がテレビ局に伝わると採用されやすくなります。「お母様の100歳誕生日」のように日程が決まっているイベントの場合は、プレスリリースにイベントの日時をしっかりと記載することが大切です。

より取材したくなるように、取材する側が番組の完成を想像しやすいように情報を伝えるようにしましょう。

【書類のつくり方】体裁よりもキャッチコピーが大事

次はプレスリリースの書き方について説明します。

実は、多くのメディア担当者はプレスリリースをじっくり見る時間がありません。だから、ひと目見た瞬間に理解できる内容でないと採用される確率は上がりません。そこで大事になるのが**タイトル部分のキャッチコピー**です。

キャッチコピーをつくる際には、テレビ番組のテロップを思い浮かべてください。番組の右上（や左上）に、「九州初上陸！　○○が人気の○○カフェ」などと、番組内容がひと目で理解できるテロップがありますよね。あのテロップのような文章を参考にしてキャッチコピーをつくってください。

次の公式に当てはめて考えると、つくりやすくなります。

キャッチコピーの公式：A「惹きの言葉」＋B「ストーリー or 商品特性 or 公共性」＋C「補足情報」

まず、**A「惹きの言葉」**は、「日本初」「九州初上陸」「リピート率１００％」など、思わず注目してしまうキーワードのことです。

B「ストーリー or 商品特性 or 公共性」は、「脱サラ借金1億円から熟成焼肉で大逆転」「１００回目で成功した奇跡のシフォンケーキ」などのストーリーを感じる文章や、「ふわふわがクセになるパンケーキ」「真冬でも行列ができるかき氷店」というふうに商品の独自性がわかる文章、「家族団らんのおせち料理」「漁師の天敵くらげが絶品料理になった」など社会性や公共性がある文章にしましょう。

プレスリリースのキャッチコピーはAとBだけでも成り立ちますが、さらに情報を強化するために**C「補足情報」**を加えます。C「補足情報」は文脈によって挿入箇所を変えてもOKです。

例えば、期間限定で出店する場合などは「ｉｎどんたく」などのイベント名を入れたり、信頼性を上げるために「創業１００年」などの情報でブランド力を強化することもできます。

キャッチコピーが完成したら、伝える内容をＡ４用紙1～2枚にまとめます。

①宛先 「報道各社」or「番組名・ご担当者」	日付

②タイトル(キャッチコピー)

A「惹きの言葉」+B「ストーリーor商品特性or公共性」+C「補足情報」

③企画の概要

100文字以内でまとめる

④トレンド性・タイムリー性

なぜ今なのかがわかる内容

⑤公共性・社会性・地域性

どのように世の中のためになるのかがわかる内容

⑥ストーリー性・オリジナリティ・話題性

なぜこの商品なのかがわかる内容

⑦どう取り上げられるか

取材可能な内容、日時など

⑧イメージできる写真

取材したくなる写真・商品の特長がわかる写真

⑨問い合わせ先

会社名、住所、電話番号、メールアドレス、ホームページURL、担当者名

次に、紙面構成について説明します。前ページの図を元に説明します。

①には、宛先にあたる「報道各社」や、ピンポイントでプレスリリースを送る場合は「番組名・担当者」などを記載します。

②は先ほど説明したキャッチコピーを記載します。

③は企画の概要を100文字以内で記載してください。

④⑤⑥⑦は先に説明した内容を元に作成してください。それぞれに見出しをつけると、より丁寧でわかりやすい印象になります。

⑧にはリリースの内容をイメージできる写真を掲載します。

⑨には問い合わせ先と担当者名を記入します。

この構成で作成すれば、魅力的な原稿が完成するはずです。

【書類の提出方法】提出の手間を惜しまない

プレスリリースが完成したら提出します。世の中には、**プレスリリースの提出を代行する会社**もあります。費用はかかりますが、全国のテレビ局や新聞社、専門誌などに対して一斉にプレスリリースを配信代行してくれるので、とても便利です。

しかし、これまでの経験上、代行業者を利用した場合はインターネットメディアには採用されるのですが、テレビや新聞に取り上げられることがほとんどありませんでした。

特に、店舗の場合はテレビや新聞に取り上げられると、そのまま集客に結びつきます。これを実現するためには、**①記者クラブに提出する**　**②直接テレビ局に郵送する**ことをおすすめします。

まず、**①記者クラブへの提出**は、笑福亭の場合は、店舗がある北九州市の記者クラブに提出することにしました。北九州商工会議所の企画広報課が記者クラブの窓口を担当しているので、まずそちらに問い合わせをします。担当者によっては、プレスリリースを見て内容のアドバイスをしてくれることもあります。

実際にあなたが記者クラブに問い合わせをする場合には、必ず**必要なプレスリリースの部数**を聞くようにしてください。記者クラブにはエリア内のテレビ各局と新聞各社が所属しているので、原稿は10～20部ほど必要となる場合が多いですね。記者クラブで必要な部数を尋ねると、教えてくれます。記者クラブを調べるには、インターネットで「福岡　記者クラブ」というふうに、エリアで絞って調べるとすぐに検索できます。

②直接テレビ局に郵送する方法は少し手間がかかりますが、次の方法をおすすめします。

地方局でも朝、昼、夕方にローカルの情報番組がありますよね。その番組をピンポイントで狙ってプレスリリースを提出していきます。

そのために、時間をかけてしっかりと情報番組を見て、どの番組であれば取材をしてもらえそうか、事前にリサーチをしてください。さらに、取材のイメージを持ってもらいやすいように、写真素材をCDに焼いて一緒に送ったり、手書きの挨拶文や取材への意気込みなどを同封すると、より良い反応が得られます。原稿は、角2サイズの封筒に宛名（テレビ局名と番組名、コーナー名まで書くとさらに良い）を手書きで書いて送ります。

また、エリア外のメディアにプレスリリースを提出したい場合や雑誌などに提出したい場合は、**マスコミハンドブック**という本を参考にすると、住所などを一覧で調べることができるので便利です。

●参考：プレスリリース配信サービス会社
・共同通信PRワイヤー　https://kyodonewsprwire.jp
・@プレス　https://www.atpress.ne.jp
・PR TIME　https://prtimes.jp

●参考：マスコミ一覧がわかる書籍
・広報・マスコミハンドブック PR手帳2020年版（アーク出版）
・マスコミ電話帳2020年版（宣伝会議）

【フォロー体制】プレスリリース後のことも考えよう

プレスリリースでメディアに取り上げられると、数週間、瞬間風速的に反響が上がります。しかし、これは一過性のものでしかありません。これからプレスリリースをする方は、効果は一瞬であることを認識した上で、その後も安定的に売上げを上げ続けることを最終目標にしてください。

そのために必要となるのが、**「リピートの仕組み」**と**「クチコミの仕組み」**です。

リピート率を上げる施策としては、メルマガやＬＩＮＥ公式アカウントなどで会員組織化したり、クーポン券を配布したり、ポイントカードやスタンプカードを導入するなどがおすすめです。

クチコミ波及させるためには、ＳＮＳの導入とＧｏｏｇｌｅマイビジネスの整備をしましょう。そして、店内でもＰＯＰやチラシなどを用いてお客様にクチコミのお願い（ＳＮＳで記事投稿してもらうことなど）をしてください。

また、テレビなどのメディアに出て、**一気に認知度が上がった場合に起こり得るリスク**についても事前に考えておく必要があります。

例えば、ホームページのサーバーがパンクしたり、電話の対応で営業に影響が出たり、お客様が殺到して交通に影響が出てしまい近隣住民に迷惑をかけてしまう、ストーカーまがいのお客様が現れるなどのリスクです。

いずれも、相当な反響があった場合に起こり得るリスクですが、ホームページは安定したサーバーにしておくべきですし、電話はお客様だけでなく営業の電話もかかってくることを覚悟して対策をする必要があります。

また、お客様が殺到して行列ができる場合は整理券を配ったり、並んでいただくためのポールなどを用意しておく必要がありますが、一番困るのが駐車場です。できれば、メディアに取り上げてもらう時には、駐車場の収容可能台数やアクセスの情報も併せて告知してもらうようにお願いしましょう。

一番深刻なのが、ストーカーまがいのお客様が現れることです。女性だけでなく男性も被害に遭うことがあります。もし被害にあった場合は、自力で解決しようとせずに、専門の相談機関や警察署などに相談してください。

このように、万が一のためにもリスクがあるかもしれないということを理解した上で、プレスリリースを活用するようにしてください。

プレスリリースが採用される最も大切なこと

プレスリリースが採用されれば、コストをかけずにメディアに取り上げてもらえ、瞬時に反響を得ることができます。

しかし、メディアに取り上げてもらえるかどうかは、企画の内容やプレスリリースの紙面構成だけでなく、**タイミング**も大きく影響します。タイミングとは、今テレビ番組で取り上げたいテーマであるかどうか、取り上げる時間がつくれるかどうかなどです。

このタイミングを見計らうためには、トレンドを見ておくこと以外に、**定期的にプレスリリースを送ること**が重要です。

一度プレスリリースを実施して、メディアに取り上げられなかったからといっても、決して諦めないでください。タイミングが悪かっただけなのかもしれないので、継続して定期的な情報発信を行なうことを心がけましょう。

そうすると、いつか必ず取り上げてもらえるタイミングが訪れるはずです。

是非、チャレンジしてください！

ビンカンパニー　辻山敏

著者略歴

辻山 敏（つじやま つとむ）
ビンカンパニー 代表
1980年福岡市生まれ。
広告物や営業ツールの企画・デザイン・コピーライティングを中心に、企業のマーケティング、販促、集客の導線づくりを専門としている広告プランナー。
大学卒業後、福岡のITベンチャー企業で法人営業を3年ほど経験。兼ねてより希望していた出版業界へ転職し、クリエイティブやマーケティングについて学ぶ。
その後、シニアマーケットに強い広告プランナーとして2012年に独立、制作企画のビンカンパニーを設立し、介護施設の立ち上げや集客コンサルを行なう。
2016年より雑誌の企画制作のスキルを買われ、福岡にある制作会社（株）ジーエーサービスにプランナーとして籍を置き、大手新聞社が毎月約70万部発行している雑誌の企画編集や企業広報ツールの企画制作を行なっている。
近年では、中小企業庁が各都道府県に設置した中小企業が無料で経営相談ができる機関「福岡県よろず支援拠点」に在籍し、その経験を踏まえ、コンサルティング会社（株）アスリンクで販促コンサルタントとして商工会・商工会議所などでセミナー講師を行なう。
LINE「販促アウトプット」にて販促ネタを毎日配信中。
商業出版として同文舘出版より「高齢者住宅・施設のための販促本（仮）」を2021年春、出版予定。
ビンカンパニー https://www.bincompany.jp
ビンカンパニーアメブロ https://ameblo.jp/bincompany/
効果が出るプレスリリースの作り方 https://pr-pressrelease.com

読者特典

特別映像「無料でテレビや新聞にでて売上げアップする方法」&
プレスリリース用企画整理シート（PDFデータ）
本書籍ご購入者特典として、書籍内容の解説と実際に成功したプレスリリースの解説動画、企画整理シートをご用意いたしました。興味がある方は、下記URLまたは左のQRコードからお申し込みください。
https://pr-pressrelease-tokuten.com
※この企画は予告なく終了する場合があります。早めのご視聴をおすすめします。

CHAPTER 08

中小企業でもできる越境EC通販ビジネス世界でビジネス！

一条幸夫

私は、一条《いちじょう》幸夫というビジネスネームで、eBay輸出、アマゾン輸出、海外ネットショップを運営する**「越境EC」という通販ビジネス**を行なっています。

現在は、その経験を活かして、製造業や小売業などの法人会員と個人会員向けに、越境ECのスタートアップ講座や起業化支援、販路開拓による売上げアップをアドバイスするコンサルティング業務を行なっています。

2010年、日本アイ・ビー・エム株式会社を退職するまでは、私は通販ビジネスに全く縁のないサラリーマン生活を過ごしてきました。同じ年に転職をしたのですが、家族の生活や老後資金などを考えると、会社員の給料だけでは自分に何かあった時にリスクがあると感じて、全くの素人から通販ビジネスを始めました。

本書では、私が2013年から始めた**eBayという世界的な通販サイト**を活用して、自社ネットショップへ誘導して売上げアップを実現する方法を解説します。併せて、私のノウハウを実践して最高月商600万円、最高月利110万円など続々と成果が出ている会員の取り組み事例も紹介します。

これを読むことで、販路拡大や売上げアップに悩んでいる中小企業や小売業に対して、越境EC通販ビジネスには大きなチャンスがあること知っていただき、今後の成長戦略のヒントにしていただければ幸いです。

ところで、あなたはeBayという通販サイトをご存じですか？　日本ではまだ馴染みが薄いので、知らない人が多いかもしれませんね。そのような方のために、まず日本のＥＣ（電子商取引）の市場規模について説明します。

日本のＥＣ（電子商取引）市場の規模

経済産業省では「電子商取引に関する市場調査」という調査レポートを発行しています。

この調査レポートによると、日本のＢｔｏＣ（消費者向け電子商取引）の市場規模は**約18兆円**に拡がっていて、ＥＣ化率も前年比６％と増えています。

そして、今後もこの市場はどんどん伸びていくといわれています。

約18兆円の内訳を見ると、「物販」系が9.3兆円あり、半分以上を占めています。

そこで、物販系大手プラットフォームの流通総額ランキングを見てみましょう。

日本のB2C-EC市場規模の推移

● 日本の消費者向け電子商取引の市場規模は、18.0兆円に拡大

● EC化率は、B2C-ECで6.22%（前年比0.43ポイント増）と増加、商取引の電子化が引き続き進展

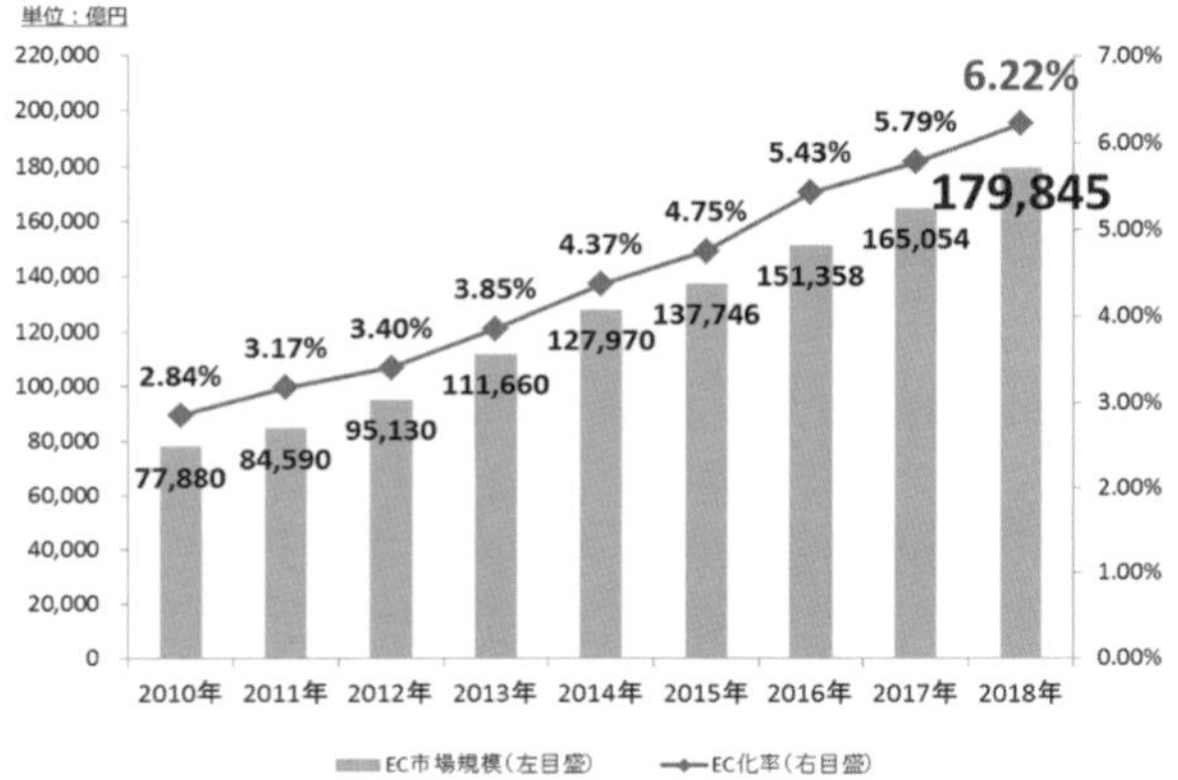

出典：「電子商取引に関する市場調査」,経済産業省, 2019年5月16日

●楽天市場（楽天トラベルなどを含む）…流通総額3兆4310億円
●アマゾン…流通総額2兆7513億円（推測）
●ヤフオク…流通総額9011億円

楽天市場、アマゾン、ヤフオクのトップ3だけで6兆円以上を上げています。つまり、これらのプラットフォームを活用して売上げアップを実現している小売業がとても多いということです。

越境EC通販ビジネスのメリット

「越境EC」をご存知ですか？　越境ECとは、例えば日本人がアメリカの人に商品を販売するなど、インターネット通販サイトを通じた国際的な商取引のことです。

この越境EC通販ビジネスの**4つのメリット**を説明します。

1つ目は、何といっても**世界市場の大きさ**です。日本の人口は年々減っていますが、世界の人口は2050年には96億人になります。この大きな市場でビジネスができるのは大きなメリットです。

2つ目は、**日本のメーカーのブランド力、商品力**です。例えば、美容器具などを製造しているパナソニックは海外の女性に愛されていますし、釣具ブランドのシマノ、ダイワは海外の釣り好きなファンから支持されていますし、キャノン、ニコンというブランドや商品は世界のカメラマニアから愛されています。

このように、日本のブランドや商品を愛している海外の人はとても多いのです。だから、日本人であるあなたはとても有利な状態でビジネスをすることができるということです。

3つ目は、**「無在庫販売」がやりやすい点**です。越境ECの通販ビジネスでは、日本のように翌日配送することはできません。海外のお客様に商品をお届けするにはある程度の時間がかかります。しかし、海外のお客様はそのことを理解しているので、顧客対応をしっかりしていれば、それほど納期にシビアではありません。

これを逆の発想で考えれば、商品が売れてから仕入れをする無在庫販売を行なうこともできるわけです。売れた商品だけを仕入れればいいので、無駄な在庫を抱える必要がなく、資金繰りがとても楽になるメリットがあります。

そして、最後の4つ目は、越境ECの通販ビジネスでは、**消費税の還付金制度**（という国の制度）を活用することができます。当然、トヨタ自動車や日産自動車などの大企業もこの制度を活用しており、輸出大企業13社の消費税還付金だけでも合計1兆円を超えています。

もちろん、あなたが海外への輸出ビジネスを行なう場合も、国内の仕入れなどにかかる消費税については、この制度を活用することで消費税の還付を受けることができます。あまり大きな声ではいえませんが、売買で利益が出なくても仕入れにかかる消費税の還付により、後からキャッシュを手に入れることができるのです。

このように、広大な世界市場に対して日本の商品を無在庫販売できる上、消費税の還付金制度を活用できることなどを考えると、越境EC通販ビジネスほどリスクが少ないビジネスはないでしょう。

また、今までの海外進出は現地に現地法人を設立したり、流通チャネルを持っている現地企業へ卸売りを行なったり、海外の展示会に出展してパートナー企業を見つける方法しかありませんでした。

しかし、今では越境ＥＣのプラットフォームを活用することで、中小企業や個人でも簡単に海外進出ができるようになったのです。

越境ＥＣ通販ビジネスのデメリット

ただし、越境ＥＣ通販ビジネスにはデメリットもあります。その点も包み隠さずに説明しますね

１つ目は**言語の問題**です。世界の共通言語は英語であり、日本語だけでは通じません。しかし、グーグル翻訳などの翻訳サイトを使えば、英語を日本語へサイトを丸ごと翻訳することができます。つまり、最新のＩＴ技術を活用すれば、十分にビジネスをすることができます。

２つ目は**コストの問題**です。ビジネスをする上でかかるコストは、商品本体価格（仕入れや製造にかかるコスト）の他に、輸送コスト、関税、プラットフォームへ支払う販売手数料などが必要です。

ただし、輸送コストはお客様へ請求することができますし、関税は商品を購入したお客様が支払うものと決められているので、販売者の負担にはなりません。また、プラットフォームへ支払う販売手数料は、お客様を集客してくれたり、決済を代行してくれるというメリットがあるので、その対価と考えれば１００％デメリットというわけではありません。

つまり、実質的なデメリットは商品本体価格だけとなりますが、越境ＥＣ通販ビジネスのメリット

の2つ目で説明したように、日本のブランドや商品自体に価値があるという点から、これもそれほど大きなデメリットではないと考えられます。（ただし、ライバル企業との価格競争はありますので、その点は注意が必要ですが）

最後のデメリットは**国際発送の問題**です。税関などの手続きがあるのでやや手間はかかりますが、日本郵便の国際発送サービスやＤＨＬ、ＦｅｄＥＸなどを活用すればスムーズに発送できますし、オンラインツールもあるので、慣れればそれほど難しいことではありません。

こう考えると、越境ＥＣ通販ビジネスにはそれほど大きなデメリットはないことがわかります。

ｅＢａｙの市場規模

次に、越境ＥＣプラットフォームとしてのｅＢａｙの市場規模を説明します。

ｅＢａｙは、１９９５年アメリカでオークションサイトとして誕生しました。当時、コンピューターのプログラマーだったピエール・オミダイア（創業者・現会長）が趣味の一環として、オークションサイトをつくったのが始まりといわれています。

ｅＢａｙで最初に売れた商品は、「壊れたレーザーポインター」で、落札価格は約15ドルでした。驚いたオミダイアは、落札者になぜ壊れたレーザーポインターを購入したのか、その理由を聞くためにメールでコンタクトを取りました。そこで、オミダイアが受け取った返答は「私は壊れたレーザーポインターをコレクションしているのだ」という回答でした。

現在の流通総額は日本円で約9兆4500億円となっており、日本のBtoC市場の物販の分野をも超える世界的な通販サイトとなっています。つまり、eBayというプラットフォームだけで通販ビジネスを行なったとしても、日本のBtoC市場と同等かそれ以上の市場へ参入することができるということです。

アマゾンとeBayの違い

それでは、越境ECプラットフォームの代表格であるアマゾンとeBayを比較してみましょう。

アマゾンは圧倒的なスピードで成長してきた越境EC企業の代表格です。

「アカウント」「出品」「顧客リスト」「ターゲット」の4つのポイントで比べてみます。（下図参照）

まず、**アカウント**について。アマゾンは各国ごとにアカウントの登録が必要です。

現在は「グローバルセリングアカウント」という制度で、日本、北米3カ国（米国、カナダ、メキシコ）、ヨーロッパ5カ国（イギリス、

	アマゾン	eBay
アカウント	●各国ごとにアカウントが必要 ●サスペンドされやすい	●1アカウントで全世界へ販売 ●サスペンドされにくい
出品	●リミットアップ制度なし ●出品手数料なし	●リミットアップ制度あり （10商品500ドルからスタート） ●出品手数料がかかる
顧客リスト	●顧客リストは収集できない	●顧客リストを収集できる
ターゲット	●新品、大衆向け ●ライバルが多い	●中古品、一点モノ、マニア向け ●圧倒的にライバル不在

ドイツ、フランス、イタリア、スペイン）、その他の国のアカウントを関連づけられるようになりました。
ただし、アマゾンでは「サスペンド」というアカウントの凍結（アカウントが使用できなくなること）が頻繁に起こり、資金が引き出せなくなってしまうなどのリスクがあります。

一方、ｅＢａｙのアカウントは、eBay.com に登録しておくことで、南米、中東、欧州など全世界へのボーダレスな取り引きができますし、一般的にサスペンドにはなりにくいといわれています。

次に、**出品の特徴**を見ていきます。ｅＢａｙにはセリングリミット（月間販売枠）という制度があり、個人で始める場合は誰でも10商品５００ドルからのスタートとなります。そして、一定の無料枠を超えると、出品する時に出品手数料がかかるようになります。一方、アマゾンには出品数の制限はなく、出品手数料も無料です。

ｅＢａｙにはセリングリミットという制度があることで、ビジネスとして軌道に乗るまでのスピードは一気には上がりませんが、これが**参入障壁**となっているメリットもあります。ライバルが参入しづらくなりますからね。また、継続してビジネスを行なっていけばいつか必ずセリングリミットは上がっていくので、私はこの制度についても肯定的に捉えています。

次に、**顧客リストの入手のしやすさ**という点で比べると、アマゾンはお客様のメールアドレスを販売者に公開していませんが、ｅＢａｙはお客様のメールアドレスを入手することができます。つまり、直接購入したお客様に対して、その後メールで直接アプローチをすることができるので、**リピーター戦略がやりやすい**という大きなメリットがあります。

そして、最後に**ターゲット顧客**について比べてみましょう。アマゾンは書籍の販売から始まったように、一般大衆向けに商品を販売しています。一方、ｅＢａｙは壊れたレーザーポインターの販売から始まったように、マニア向けで、中古品や一点物などの限定品を中心に販売されています。

ここまでアマゾンとｅＢａｙの特徴を比べてきましたが、これらを踏まえてｅＢａｙ輸出を成功させるためには**３つのポイント**があると思います。

１つ目は**毎月のリミット申請**です。定期的にリミットアップを申請していくと、リミットが億単位まで上がっていきます。リミットが上がれば上がるほど、高価格の商品も販売できるようになります。

２つ目は、出品手数料がかかるので、**精度の高いリサーチ**が必要となります。精度の高いリサーチとは、過去に売れた商品を見ながら出品価格を調整していくものです。ｅＢａｙでは過去に売れた実績を見ることができるので、このリサーチをすれば売れる確率は上がっていくはずです。

３つ目は、お客様のメールアドレスを入手できるので、ＤＲＭ（ダイレクト・レスポンス・マーケティング）を活用した**リピーター戦略**を行なうことができます。つまり、お客様に直接販売することができるので、利益を増やすことができるようになるのです。

ｅＢａｙでは事前に価格差（＝利益）がわかる！

先ほど説明した「精度の高いリサーチ」について、もう少し詳しく説明します。ｅＢａｙでは過去

に売れた実績を見ることができるといいましたが、どのように閲覧すればいいのかを説明します。(下画像参照)

ｅＢａｙにアクセスすると「Advanced Search」という誰でも閲覧できる画面があります。この「Advanced Search」の画面から「Sold Listing」をチェックし、「Located in」で「日本」を選択して検索します。これで、日本から売れた商品を検索することができます。

次ページの上の画像は「日本」をキーワードで閲覧した結果ですが、過去3ヶ月で新品、中古品合わせて18万７０００品以上の売れた商品を確認できました。この照会画面から、自分でも仕入れができる商品で価格差が高い商品を探していくのです。

例えば、次ページの下の画像は販売価格が28万６３８５円で実際に売れた商品です。決済手数料を約15％支払うとすると、24万３４２７円の売上げとなります。この商品は日本のあるサイトから18万８０００円で購入することができます。つまり、価格差（＝利益）は５万５４２７円ということです。（実際は国際送料が発生しますが、その分はお客様へ請求します）

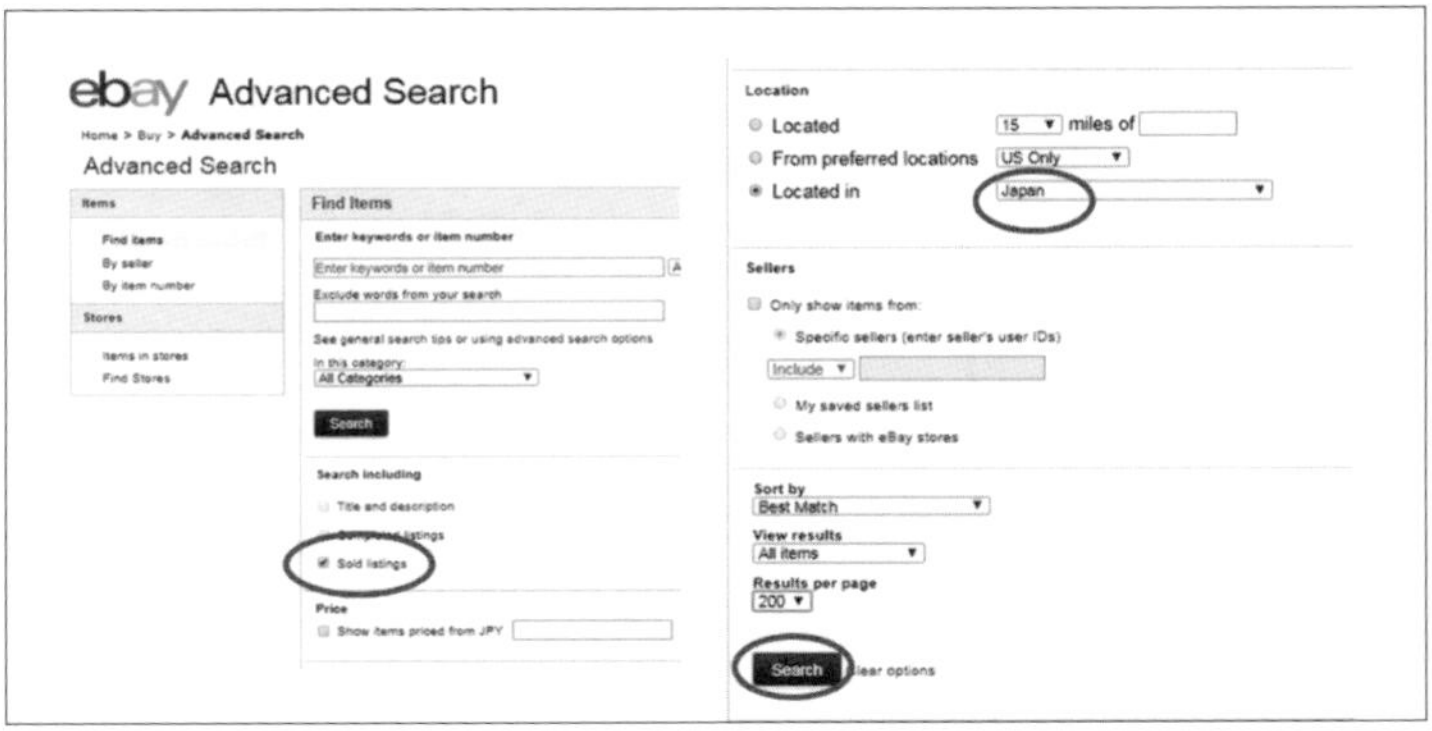

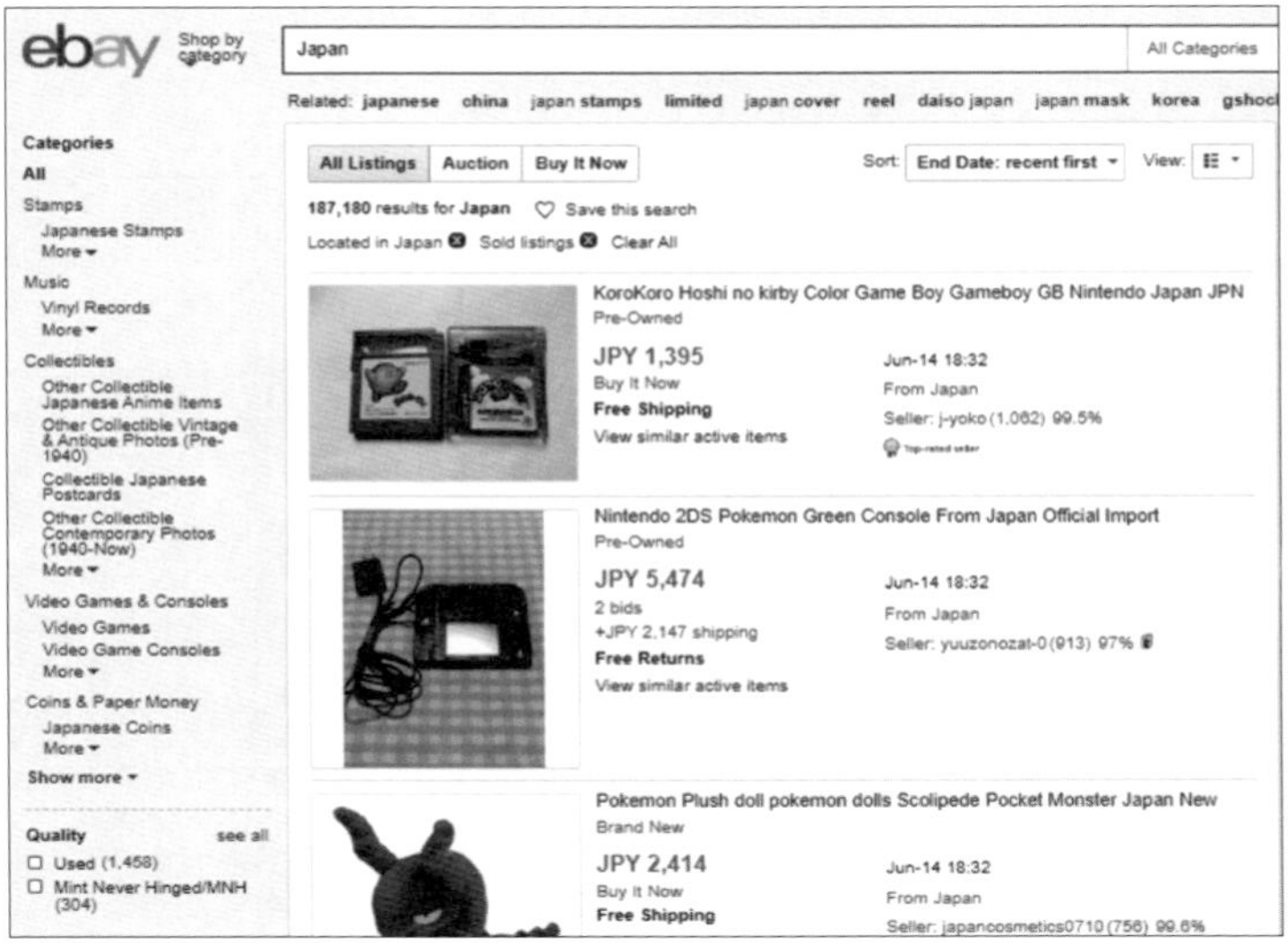
ebay
Shop by category
Japan
All Categories
Related: japanese china japan stamps limited japan cover reel daiso japan japan mask korea
Categories
All
Stamps
Japanese Stamps
Music
Vinyl Records
Collectibles
Video Games & Consoles
Video Games
Video Game Consoles
Coins & Paper Money
Japanese Coins
All Listings Auction Buy It Now
Sort: End Date: recent first
187,180 results for Japan
Save this search
Located in Japan Sold listings Clear All
KoroKoro Hoshi no kirby Color Game Boy Gameboy GB Nintendo Japan JPN
JPY 1,395
Nintendo 2DS Pokemon Green Console From Japan Official Import
JPY 5,474
Pokemon Plush doll pokemon dolls Scolipede Pocket Monster Japan New
JPY 2,414

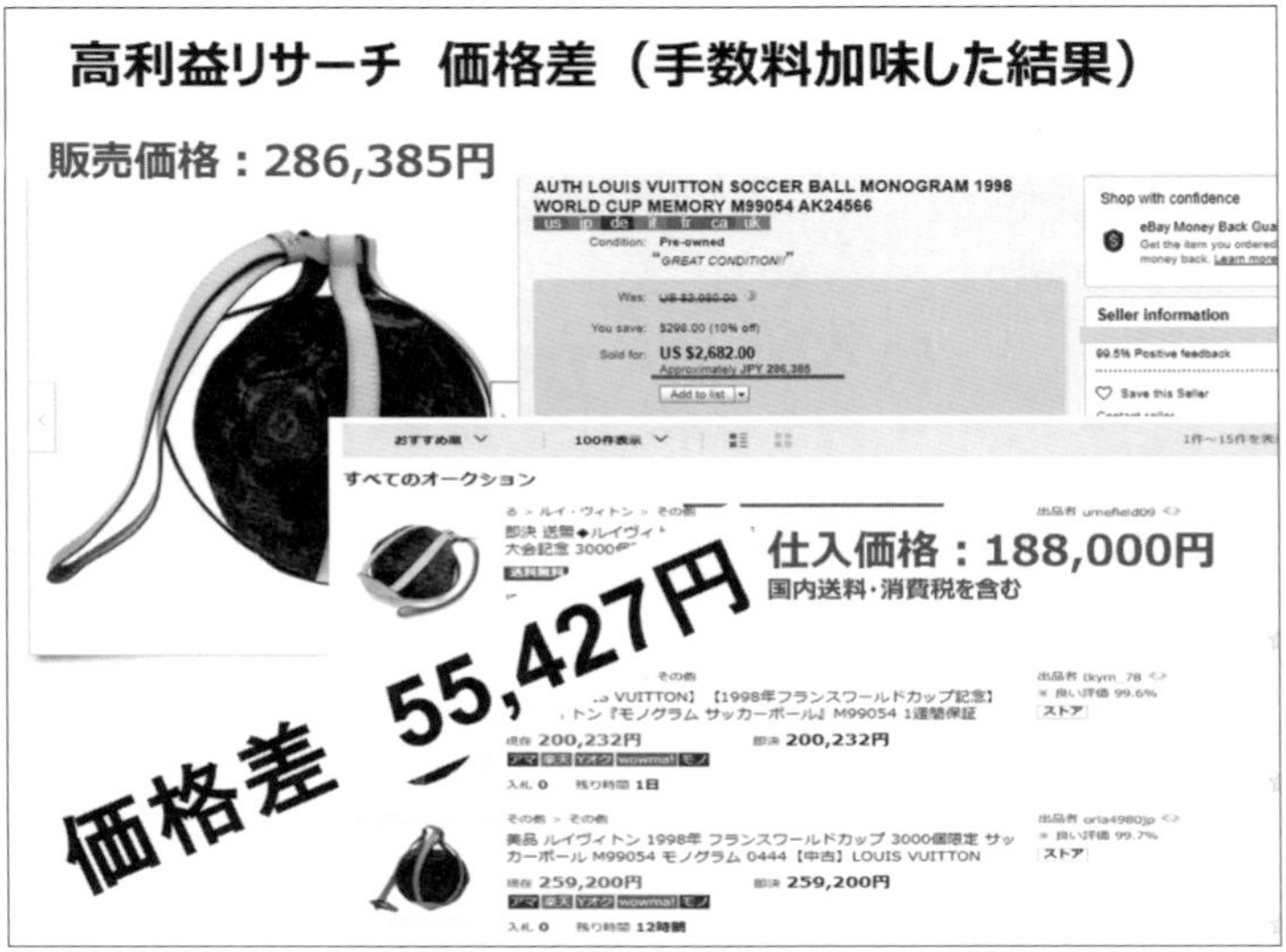
高利益リサーチ 価格差（手数料加味した結果）
販売価格：286,385円
AUTH LOUIS VUITTON SOCCER BALL MONOGRAM 1998 WORLD CUP MEMORY M99054 AK24566
Sold for: US $2,682.00
すべてのオークション
仕入価格：188,000円
国内送料・消費税を含む
価格差 55,427円
200,232円
259,200円

このように、「Sold Listing」で売れた商品を確認しながら、価格差のある商品を探していく作業をリサーチといいます。

しかし、一つひとつの商品を探していくとかなり時間がかかってしまいます。そこで、私は今まで培ってきたITスキルを活かして、誰でも簡単に高利益が見込める商品を閲覧、出品できるツールを開発しました。**リサーチ・出品・在庫管理ツール「セラー・ジャック」**です。

ここで「セラー・ジャック」の使い方を簡単に説明します。まず、「キーワード」または「優良と思われる販売者」を登録します。すると、そのキーワード、その販売者の売れた商品、最安値の仕入先、価格差を閲覧することができます。ここから、自分が望む価格差のある商品を出品していきます。そのまま、リサーチツールからeBayに取り込むことで、誰でも簡単に出品ができるようになります。さらに詳しい情報を知りたい方は、本章の最後にご用意している読者特典にお申し込みください。

eBayのリピーター戦略

ここからeBayの「リピーター戦略」を解説していきます。商品を購入したお客様へ、商品をお届けする時に、自社ネットショップでは**関連商品を値引きしていること**をチラシやレターで伝えます。そのチラシやレターには、自社ネットショップのSNSのアカウント（フェイスブックやLINEなど）を印刷して、お客様がアクセスしやすい流れをつくります。

すると、商品が到着し、チラシやレターを見たお客様からSNSへコンタクトが届きます。

その後、SNSで積極的にコメントを返したり、日本の文化を紹介したり、新商品を宣伝したりします。するとお客様から「こういう商品が欲しいけれど、手に入りますか？」というコメントが届くようになります。つまり、あなたはお客様にとって**日本の商品の購入代行業者**になるわけです。

日本の商品の購入代行業者として忘れられないようにするために、**週1回程度のメルマガを発行すること**をおすすめします。私は今までに「毎日」や「月1回」などのペースでメールマガジンを発行してきましたが、「毎日配信」はうるさいと思われるようで、かなり解除率が高くなりました。一方、「月1回配信」は忘れられてしまうのか、お客様からのコンタクトが非常に少なくなりました。結果的に「週1回」の接触頻度が一番コメントが多かったので、おすすめしています。

次に、自社ネットショップをつくる簡単な**ショッピングカート**を紹介します。私がおすすめするのは、世界のショッピングカートの流通総額のランキングで圧倒的一位の「Shopify」というショッピングカートです。（Shopify は約4．5兆円と圧倒的な流通総額を誇っています）

以前は英語だけのサポートでしたが、現在は日本語でのサポートも行なっていますので、比較的取り組みやすいショッピングカートだと思います。

この Shopify にある「eBay Professional Importer」というアプリケーションは出品数に応じて月額の手数料がかかりますが、ｅＢａｙに出品した商品を販売価格の値下げなどの調整をして、Shopify へそのままスライド出品することができるシステムです。また、ｅＢａｙで商品が売れて在庫がなくなってしまった場合は、その情報を自動的に連携するので、とても便利です。

ちなみに、私は、中古ブランド品を中心にした専門店などを合計3店舗運営しておりますが、もちろん自社ネットショップではShopifyを活用しています。

それでは、次から会員の事例を紹介していきます。

骨董品カテゴリーの成功事例

個人会員の山田さん（仮名・会社員・30代）は東証一部上場企業のサラリーマンでしたが、2017年から越境EC通販ビジネスを始めました。海外には日本の骨董品を集めるマニア層が一定数いるので、骨董品の店舗経営者とタイアップして、通販ビジネスの販売代行を行なっています。

店舗に商品が入荷したら、骨董品の店主が店頭販売価格を決めて写真を撮影します。そして、山田さんがeBayへ出品して販売活動を行ないます。商品が売れたら、お客様の名前と住所を連絡して、店舗から国際発送の手配を行ないます。

この取り組みを継続した結果、山田さんは月250万円の売上げ、月110万円の利益を得て、現在は脱サラして起業しています。

ミュージック、書籍カテゴリーの成功事例

法人会員の山内さん（仮名・自営業・40代）は越境EC通販ビジネスを開始し、現在は法人を経営

しています。

日本のミュージック系のCDやDVD、書籍など比較的手に入りやすい商品や、その他の高額商品など様々な商品を数万点以上出品する独自の方法で合計3店舗を運営しています。

徐々に売上げを伸ばして、2020年5月は月商600万円を達成したという報告が届きました。最近はあまりにも売上げが上がり過ぎたため、梱包・発送のアルバイト・パートを雇用し、地域社会にも貢献しています。

おもちゃカテゴリーの成功事例

おもちゃは特に人気が高いカテゴリーです。個人会員の花田さん（仮名・会社員・30代）は、福祉系の仕事をしていますが、家業が玩具問屋であり、店舗以外の販路拡大の支援として通販事業に取り組み始めました。

2017年から越境EC通販ビジネスを始めて、その後無在庫販売も行ない、2018年のホリデーシーズンには最高月商250万円、月利50万円を達成することができました。その後も会社員の副業として継続して通販事業を行なっており、現在は古物市場などの仕入れに挑戦しながら、コンスタントに月商150~200万円の売上げを上げています。

また、法人会員の鮫さん（仮名・自営業・40代）は、中古品の買い取り、販売業などの会社を経営していましたが、個人フリマアプリなどの台頭で会社の未来に限界を感じて、越境EC通販ビジネスを始めました。

最初は、様々な商品を大量に出品して販売していましたが、販売手法を見直して高単価な商品に特化しました。その結果、月商２５０万円、営業利益62万円の収益を得ています。

個人会員の三比さん（仮名・主婦・40代）は、子供が小学校に入学するタイミングで、在宅でできる仕事として越境ＥＣ通販ビジネスを始めました。予約品や限定品などを中心とした在宅通販事業だけで、月利30万円の収益を得ています。

現在は法人を設立し、世界の商品を日本へ紹介する輸入総代理店ビジネスにも挑戦しています。

楽器カテゴリーの成功事例

個人会員の木村さん（仮名・自営業・50代）は、外資系企業でサラリーマンをしていました。学生時代は、トランペットなどの管楽器を趣味としていました。年金に頼らない生き方を模索する中、「趣味を仕事に」と会社員時代の副業から越境ＥＣ通販ビジネスを始めました。

ギター、ベース、管楽器など自分の得意分野を活かして、楽器カテゴリーに特化した専門店を運営しており、２０２０年5月には月商２９０万円の売上げを上げました。現在は、脱サラして起業しています。

個人会員の渋谷さん（仮名・会社員・60代）は、以前は60歳を超えると引退する年代といわれていましたが、生涯現役でできる仕事として越境ＥＣ通販ビジネスを始めました。

現在は、業務の一部を外注化して、海外在住のパートナーと楽しくビジネスを行ない、年金プラスアルファで月利30万円の収益を得ています。

他にも、多くの会員が実績を上げていますが、紙面の都合で割愛します。他の会員の事例に興味がある方は私のユーチューブに公開しているので、ご覧ください。

いかがでしたか？　本書では越境ＥＣ通販ビジネス、ｅＢａｙの魅力をなるべくわかりやすく説明しました。本書をお読みいただいた方は既に越境ＥＣ通販ビジネス、ｅＢａｙに無限の魅力があることをご理解いただいていることと思います。

「私もチャレンジしたい！」という方は次ページの特典をご請求ください。さらに魅力的な越境ＥＣ通販ビジネスの世界をご案内します。

一条幸夫

著者略歴

一条 幸夫（いちじょう ゆきお）

1970年東京都生まれ。

法政大学卒業後、日本アイ・ビー・エム株式会社、総合コンサルティングファームなどで戦略、プロジェクト・マネジメント、ITスキルを学ぶ。

その後もIT業界で働きながら、個人として、2013年から越境EC通販ビジネスを事業化する。

「夜1時間の兼業で、昼間8時間の労働以上の収入とやりがいを手に入れる」をモットーに、本業×兼業×投資でファイナンシャル・フリーを目指す「年収倍増計画」を提唱している。

2017年から、輸出ビジネス・ツール提供の研究会を運営し、法人向けコンサルティング技法をベースに、自ら実践してきた「越境ECビジネスで売上げを増やす方法」を、累計200社以上の中小企業や個人に対して指導・導入し、多数の成功事例を生み出している。中小企業や個人が活躍できる環境づくりやサポートに注力して活動中。

主な著書に、翻訳、SCM、CRM、IT関連の書籍がある。

趣味は、サウナ、ゴルフ。妻と娘2人の4人家族。

越境EC eBay輸出ビジネス https://sbimexportclub.com/
高利益リサーチ【マスター講座】
https://sbimexportclub.com/lp/ebay-research-10days/
YouTube 右のQRコードからご視聴ください。

読者特典

●特別対談映像：越境EC通販ビジネスで売上を増やす方法（約30分）
●特別映像：越境EC通販ビジネス2.0（約25分）
クローズドで開催した越境EC通販セミナーの映像
●特別特典：リサーチツール（トライアルキット）
2019年まで49,800円で販売していた、ライバルセラーの販売実績を抽出するツールのトライアルキットを無料で差し上げます。
●特別映像：高利益リサーチメソッド解説 秘蔵動画
●eBay輸出管理ツール（リサーチ・出品・利益計算シート）
興味がある方は、下記URLまたは左のQRコードからお申し込みください。**https://ichijo.info/book/**
※この企画は予告なく終了する場合があります。早めのご視聴をおすすめします。

CHAPTER

09

お客様の人数はそのままで売上げを2倍にする方法

体のバランス矯正院　寺平義和

愛知県東海市で、整体師・パーソナルトレーナーをしている寺平《てらだいら》義和です。

2006年に「体のバランス矯正院」という整体院を開業。2012年からは整体院内に「B3ダイエット東海スタジオ」という、ダイエットに特化したパーソナルトレーニングジムを併設しています。日々、肩こりや腰痛で悩む方向けの整体施術と、ダイエットに悩む方のダイエットサポートという2つの事業を行なっています。

ダイエットサポートについては、愛知県で整体院・パーソナルジム・24時間スポーツジムを経営する徳山将樹さんが考案した**「B3ダイエット」**というサービスをお客様に提供しています。

また、2017年には、「ビジネスマンのためのB3ダイエットであなたも必ず痩せられる」という書籍を商業出版し、おかげさまでアマゾンランキング2部門（美容・ダイエット部門、ダイエット部門）で1位を獲得することができ、最近では全国各地で講演活動も行なっています。

名古屋市の人口が230万人であるのに対して、私の店舗が位置する東海市の人口は約11万人。日本のどこにでもあるような地方の整体院を1人で経営しています。

そんな私のような整体院や美容室などの技術サービスを販売するビジネスの売上げは、

お客様の人数×サービス（施術）の価格＝売上げ

という構造になります。そして、**お客様の予約枠の上限＝最高売上げ**ということになります。（人によっては、物販やセミナーなどの講演活動で売上げを上乗せしている人もいますが）

そこで今回は、物販なし、スタッフ増員なし、広い店舗への引っ越しなし、でさらに1人オーナーのまま**「お客様の人数はそのままで売上げを2倍にする方法」**を包み隠さず紹介します。

このノウハウは、誰でもすぐに取り組むことができる上、リスクもほとんどありません。是非、このノウハウを活かして売上げを2倍にしてください。

既存の売上げに、高額商品の売上げを上乗せする

「お客様の人数はそのままで売上げを2倍にする方法」の答えを先に言います。

それは、**既存の整体の売上げに、高額商品の売上げを上乗せする方法**です。私の場合は、先ほど紹介した徳山さんが考案したB3ダイエットというダイエットプログラムを上乗せしました。

B3ダイエットとは、週2回のパーソナルトレーニング、食事指導と食事管理、トレーニング後のケアとして整体がついているプログラムです。

一方、整体施術は1回5000円（税別）です。1ケ月に施術するお客様は平均で200~250人なので、売上げは100~125万円となります。整体の施術だけを提供していた時は、予約枠の関係からこの売上げが最大値でした。

そこに、高額商品（B3ダイエット）を加えました。B3ダイエットの料金は30・40・50万円の3つのコースがあり、一番多い申し込みパターンは、1ケ月で30万円コースが2人、40万円コースの申し込みが1人のパターンです。

これを売上げとして計算すると、
30万円×２人＝60万円　＋　40万円×１人＝40万円　合計１００万円となります。

整体のお客様が月２００〜２５０人なので、ダイエットコースの３人が増えてもオーバーワークにはなりません。その結果、整体の売上げ１００万円に、Ｂ３ダイエットの１００万円が上乗せされ、一気に売上げが２倍の２００万円になりました。

これが、**お客様の人数はそのままで売上げを2倍にする答え**です。

ただ、この状態をつくり上げるためには様々な試行錯誤を繰り返してきました。まずは、私がＢ３ダイエットを導入するに至った物語（ストーリー）をお読みください。後ほど説明しますが、実はこのストーリーがあることが、高額商品を売るための**大きな武器**になるのです。

私のダイエットストーリー

私は子供の頃から太っていて、最高体重は１１３キロありました。今では40キロのダイエットに成功し、70キロを維持しています。それ以前はいろいろなダイエットを試してきましたが、失敗してはリバウンドを繰り返してきました…。

気がつくと、いつからか痩せることをあきらめ、自分に自信を持てないまま生きていました。

でも本当は、「痩せたい！」「スポーツを楽しみたい！」「オシャレな服を着たい！」と想っていました。

そしてその想いは、愛知県で整体院、パーソナルジム、24時間営業のスポーツジムを経営している徳山将樹さんと出会うことで達成されます。徳山さんが考案したB3ダイエットに取り組み、9ヶ月で113キロから40キロものダイエットに成功したのです。

ダイエットしてから9年経ちますが、リバウンドはしていません。ダイエットに成功したことで、人生が180度良い方向に変わりました。

そのような中で、私に芽生えた想いがあります。それは、「私と同じように健康や体型に悩んでいる人に、正しいダイエット法で痩せていただきたい」ということ。そんな想いからトレーナーとなり、整体院でB3ダイエットプログラムを提供することになりました。

いかがですか？　これが私のダイエットストーリーです。それでは、実際に私がどのように集客し、高額ダイエットプログラムを販売したのかについて説明していきます。

高額ダイエットプログラムの集客と販売の流れ

高額ダイエットプログラムは、いきなり新規集客をするのではなく、**段階的なステップ**を踏んで集客を行ないました。まず最初に、**販売の全体像（3つのステップ）**を説明します。

●ステップ1　整体のお客様からモニター募集

すぐにでもダイエットプログラムを販売したいところですが、まだトレーナーの経験が不足してい

 たため、私のことを全く知らない一般人を集客する自信はありませんでした。

そこで、私のことを信頼して整体院にずっと通っていただいている既存のお客様から少人数の**モニター募集**をして、経験を積むことにしました。

その告知は**ニュースレター**を活用しました。私の整体院では2ケ月に1回のペースでニュースレターを発行しています。そのニュースレターにダイエットコースのモニター募集の告知をすることで、信頼関係のあるお客様にモニターになっていただきました。

●ステップ2　再現性の証明

私が有名芸能人であれば私のダイエットの成功事例だけで集客できるのかもしれませんが、残念ながら私は有名人ではありません。だから、私の事例だけでは世の中の信頼は得られません。

必要なのは、私が行なったダイエット法を他の人がやっても同じような成果が出るという**再現性の証明**です。これがあれば、信頼感を上げていくことができます。

そこで、再現性を証明するために、ステップ1でモニターになっていただいたお客様にお願いをして、次のデータを集めました。

- **ダイエットのビフォー&アフターの写真**
- **体重や体脂肪率、ウエストなどの体の変化の数値**
- **お客様の喜びの声**

これらを集めることにより、ダイエットプログラムの再現性が証明できました。

●ステップ3　さらにモニターを増やす

ステップ1でトレーナーとしての経験を積み、ステップ2でダイエットプログラムの再現性が証明できました。これで、大きな手応えをつかんだ私はさらにモニターを増やすことにしました。

この場面でもニュースレターを活用しました。

ステップ1～3までのニュースレターの活用の流れ

それでは次に、ステップ1～3で活用したニュースレターについて説明します。

ニュースレターには、私のトレーナーとしての経験談と、ダイエット情報を3回に分けて掲載しました。その流れを時系列で説明します。

●ニュースレター（1回目）の発行

ニュースレター（1回目）の目的は、ダイエットへの興味を喚起することです。

①私がダイエットを実践し、少しずつ痩せていく姿を見ることで、整体のお客様が気になり始める

②施術中にダイエットをやっていることを口頭で少しずつ伝える

③私がダイエットに成功したタイミングで、ニュースレター（1回目）を発行する

④ニュースレター（1回目）を見たお客様が、次回の施術からダイエットを話題にするようになる
⑤どのようなダイエットをしたのかを伝え、興味を持ってもらう

●ニュースレター（2回目）の発行

ニュースレター（2回目）の目的は、本格的にダイエットコースを始めることと、1回目のモニター募集のお知らせです。

①なぜダイエットコースを始めるのか？　私にトレーナーとしての資格はあるのか？　というストーリーと、ダイエットコースを始める準備をしていることを記したニュースレター（2回目）を発行
②ダイエットコースの概要と、「資料が欲しい方はお知らせください」という案内を同封する
③問い合わせをしてくれたお客様だけに資料を郵送する。その理由は、興味がある人だけにアプローチをしたほうが申し込みの反応率が良くなると思ったことと、興味がない人に資料を送っても経費がかかるだけでもったいないと考えたからです。

また、資料の中には私のダイエットストーリー、コースの説明、やらない理由をなくす文章、クロージングの文章を記載し、最後にモニター募集の案内をしました。これでモニターへの申し込みまでしていただきたいので、文章を練りに練ってA４×13ページもの資料を送りました。(次ページ画像参照)

この2回目のニュースレターを送った結果、発送部数２５０部の中の30人の方から資料請求が寄せられ、資料請求した30人の中から、モニター価格25万円のコースに10人の方が申し込みをしました。

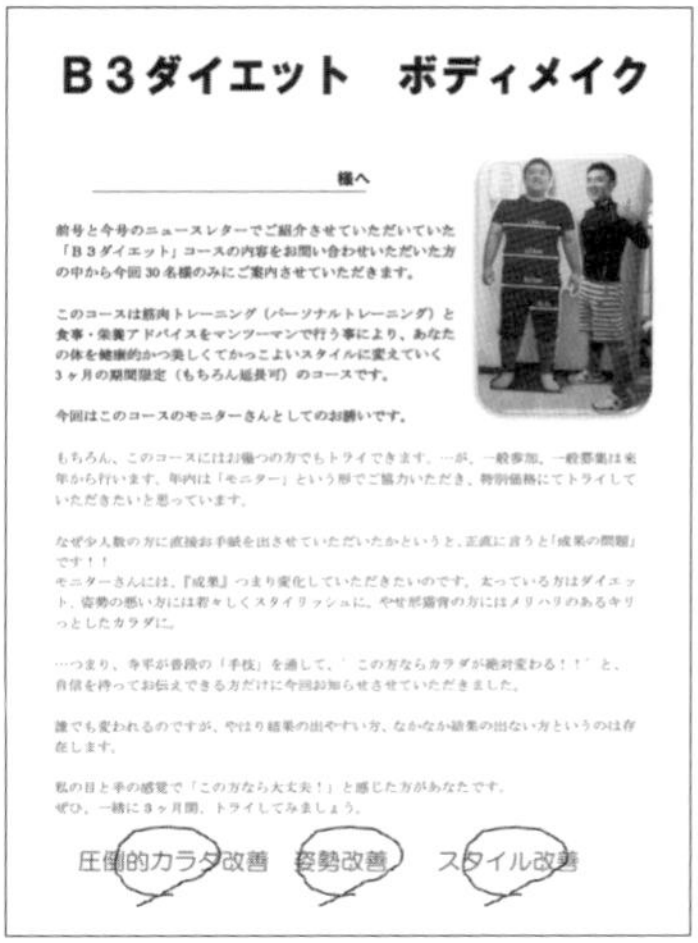

B3ダイエット　ボディメイク

＿＿＿＿＿＿＿＿＿＿＿＿様へ

前号と今号のニュースレターでご紹介させていただいていた「B3ダイエット」コースの内容をお問い合わせいただいた方の中から今回30名様のみにご案内させていただきます。

このコースは筋肉トレーニング（パーソナルトレーニング）と食事・栄養アドバイスをマンツーマンで行う事により、あなたの体を健康的かつ美しくてかっこよいスタイルに変えていく3ヶ月の期間限定（もちろん延長可）のコースです。

今回はこのコースのモニターさんとしてのお願いです。

もちろん、このコースにはお悩みの方でもトライできます。…が、一般参加、一般募集は来年から行います。年内は「モニター」という形でご協力いただき、特別価格にてトライしていただきたいと思っています。

なぜ少人数の方に直接お手紙を出させていただいたかというと、正直に言うと「成果の問題」です！！
モニターさんには、『成果』つまり変化していただきたいのです。太っている方はダイエット、姿勢の悪い方には若々しくスタイリッシュに、やせ形猫背の方にはメリハリのあるキリっとしたカラダに。

…つまり、寺平が普段の「手技」を通して、"この方ならカラダが絶対変わる！！"と、自信を持ってお伝えできる方だけに今回お知らせさせていただきました。

誰でも変われるのですが、やはり結果の出やすい方、なかなか結果の出ない方というのは存在します。

私の目と手の感覚で「この方なら大丈夫！」と感じた方があなたです。
ぜひ、一緒に3ヶ月間、トライしてみましょう。

圧倒的カラダ改善　姿勢改善　スタイル改善

B3ダイエットとは…

B3ダイエットとは元プロキックボクサーであり現在は整体師である徳山将樹氏が考案した筋肉トレーニングと現代医学の最先端の食事療法をあわせた効果の出ざるを得ないダイエットメソッドです。

徳山将樹　氏　　プロフィール

整体院　BODY　RESET　代表　（愛知県安城市）
B3ダイエットメソッド創始者

長崎県五島列島出身　1973年生まれ　39歳

プロキックボクサーとして活躍していたころから、どの選手よりもトレーニングを研究していたが、減量には苦しむという日々。食べないで体重を落とすと明らかにパフォーマンスが落ちる。食べると体重が落ちない。どうにかならないものかと悩みながらも現役時代にはその悩みは解決することはないまま体力の限界を感じ現役引退。
引退後、第2の人生として整体師になる。
整体師として、医学的知識が身に付いた時期を同じくして、糖質制限という食事療法に出会う。その理論に感銘を受け、自らが実践したものしか人には言えないと、糖質制限食に切り替え、現役時代から培ったトレーニングと掛け合わすことにより、体重と体脂肪は減らしながらも筋肉量は増すという健康的ダイエット理論を確立。
肥満やスタイルに悩むクライアントから「健康的に結果が出る」「なりたかったスタイルになれた」「食べる食品さえ気をつければお腹いっぱい食べれるので良かった」「卒業後もリバウンドしない」と、好評を得ている。

A4×13ページの資料（一部）

みんなでチャレンジ　心理テスト

◎ドラマを見ていると、突然チャンネルを変えられました。さて、どんな番組に変えられた？　①ニュース　②お笑い番組　③ワイドショー
●この質問で、大切な人に裏切られた時のあなたの行動がわかります。
①白黒ハッキリさせないと気が済まないので、徹底的に話し合う。
②ショックで2～3日寝込みますが、立ち直りは早いです！
③誰かに間に入ってもらい、第三者の意見をフムフムと伺います。

入浴のすすめ

湯船に浸かる前に、お化粧を落とす方が多いと思いますが、湯船で体を温めてからお化粧を落とすという順番もおすすめです。湯船に浸かり顔に汗をかいてきたら、汗と一緒に毛穴に残ったファンデーションや汚れが浮き上がってきます。そのタイミングでW洗顔をすると、お化粧と汚れがしっかり落とせますよ。

ガチンコ！B3ダイエットクラブ速報！

てらだいらが自ら実践し、9カ月で110キロから70キロになったB3ダイエットを、昨年の11月から当院でスタートしました！
その第1期募集で始めた東海市のKさんが3ヶ月のB3ダイエットをこの度、ゴールしました！期間中、てらだいらが推奨する食事療法と週2回のからバラでのパーソナル筋肉トレーニングを実践し、見事、引き締めBODYを手に入れた

Kさん！体型だけでなく体力もついて大喜びしてくれました！体だけでなく心も自信に満ち溢れて変わっていくKさんの変化にトレーナーである私もすごく嬉しかったです♪
●第1期募集で始めた方が続々とゴールに近づいています。次回のからバラ新聞でその模様をお伝えさせていただきますのでご期待下さい！

●第2期募集はお陰さまで満員御礼です。次回募集は5月スタートを予定しています。

＜Kさん＞　B3ダイエット開始時（左下）
体重　65．2キロ　体脂肪　23．2%
↓
3ヶ月後のゴール時（右下）
体重　59.3キロ　体脂肪　17・0%

予約殺到につき、ただ今、予約待ち！！

『B3ダイエットコース』

第5期11月スタート満員御礼

第6期2月スタート募集開始　限定3名様

B3ダイエットは元プロキックボクサー考案のトレーニング、現代医学の最先端の食事療法を組み合わせた効果の出ざるを得ないダイエット＆ボディメイクメソッドです。
正直に言います。初めは「大変」だと思います。
それでも本気で体重を減らしたい、健康的になりたい、できるならばスタイルも美しい＆カッコよくなりたい方は、一度ご連絡ください。

9か月間の変化です

＜体重＞	113kg	→	70kg
＜体脂肪率＞	36．2%	→	18．2%
＜ウエスト＞	123cm	→	79cm

□今回のニュースレターを見て気になった方で、『私にも詳しい案内が欲しい』という方は、お電話、もしくは、ホームページからお問い合わせください。

お問い合わせは　0562-32-1242

※ホームページからの資料請求は、トップページ→『お問い合わせ』→『お問い合わせ内容』で「B3資料請求」をチェックしていただき必要事項をご記入の上、送信して下さい。

3回目のニュースレター（左）と同封資料（右）

これで、一気に**250万円もの売上げ**が上がりました。

●ニュースレター（3回目）の発行　※ニュースレター（2回目）発行から2ヶ月後

ニュースレター（3回目）の目的は、ダイエットに興味はあったけれどすぐに手を上げなかった方の背中を押してあげることと、実際にダイエットプログラムに取り組んでいるお客様の状況を掲載して、「私もやりたい！」と感じてもらうことです。

①「ダイエットコースの資料を送った方から申し込みがあり、すぐに満員になりました」というアナウンスを記したニュースレター（3回目）を発行

②ダイエットを始めたお客様のトレーニング風景や成果などをニュースレターに記載すると共に、次回のモニター募集のお知らせを記した案内を同封する（前ページ画像参照）

ここで、さらに新たな申し込みが入りました。これにより、私はトレーナーとしての経験をさらに積むことができて、自信を深めることができました。また、モニターをしたお客様の成功データも集まり、ダイエット効果の再現性が証明できました。

この状態をつくれたことで、いよいよ本格的な新規集客に移行していきます。

本格的な新規集客をスタート！

モニター募集で得られた売上げを新規集客の費用にあてて、いよいよ本格的な新規集客をスタート

しました。この時からモニター価格ではなく、30・40・50万円の正規料金に設定し、次の方法で集客をしました。

●B3ダイエット専用のホームページの作成

ホームページには、「モニターのビフォー&アフター」「私のダイエットストーリー」「私の強みである、誰よりも太っている方の気持ちに寄り添えるトレーナーであること」「運動初心者の方でもトレーニング後に整体を行なうのでケガをしないこと」などをアピールしました。

●広告（新聞折込チラシ、フリーペーパー広告）

認知活動の一環として、新聞折込チラシとフリーペーパー広告に出稿しました。広告には、40キロ痩せた私のインパクトのあるビフォー&アフターの写真でアピールしました。

●ニュースレターを活用して、整体院の既存客からも継続募集

ニュースレターを活用して、整体のお客様に引き続きアピールをしました。

●店内の販促ツールを充実させる

私のダイエットストーリーを書き記した小冊子やポスター、ＰＯＰを作成し、整体のお客様に引き続きアピールしました。

これらの活動を行なうことで、一般消費者と整体のお客様に対してアピールを続け、高額商品を販売しました。

ここで、高額商品の宣伝活動をする際に私が大切しているポイントについてお話しします。

それは、**最初は小さく始めること**です。いきなり多くの集客を目指して多額の広告費を使うと、うまくいく時はいいのですが、うまくいかなかった時は私のような零細企業は大きな打撃を受けてしまいます。それではリスクが高すぎるので、最初は既存客だけに告知をして、安い金額のモニター募集から始めることをおすすめします。

そして、経験値と成功データ、資金が貯まってから大きく集客をする。その方が、リスクが少なく精神的にも楽なので、効果が出やすくなります。

また、現在でもホームページやチラシ、ＰＯＰ、広告の**改善**を繰り返しています。そうすることで、**集客の精度**がどんどん上がっていきます。

このような流れで集客を行なうことで、全体の集客がうまくいくようになり、お客様の人数はそのままで売上げを2倍にすることに成功しました。おかげで、現在でも**2～3ヶ月の予約待ち状態**が続いており、ダイエットコースを開始してから8年が経ちますが、一度もお客様が途切れたことはありません。

ストーリーを伝える重要性

ニュースレターやダイエットコースの資料には必ず「私のダイエットストーリー」を載せることを心がけています。ストーリーを載せた方が**お客様の共感**を生み、申し込みという行動に繋がりやすくなるからです。

その証拠に、ダイエットのお客様にアンケートを取ると、ダイエットストーリーに共感したことが申し込みの決め手になったという方が8割もいました。また、ダイエットと無縁で太ったことがないトレーナーよりも、私のように以前は太っていたことを悩んでいたトレーナーの方が気持ちに寄り添ってくれそうと思ったので申し込みをしたという方もいました。

このアンケート結果からもわかるように、ストーリーを載せると共感が生まれます。**共感が生まれると、親近感を感じると共に信頼してもらいやすくなります。**

親近感があって信頼感があれば、その人から商品を買いたくなるのが当然ですよね。これが、ストーリーを伝える効果です。

いきなりクロージングをしない

私はいろいろな方法で集客をしていますが、問い合わせがあってもすぐにはクロージングをせず、一度**無料カウンセリング**に来ていただくようにしています。その理由は、私がダイエットについてどのような考えを持っていて、どのような人物なのかを知ってもらいたいからです。

ダイエットコースでは、専門家として効果的なダイエット指導をするのはもちろん、時には悩みを聞くカウンセラーになったり、やる気を促すモチベーターになったりと、密にコミュニケーションを取っていきます。その中で、私という人間が生理的に合わない方はまず結果が出ません。それではお互いが不幸です。

つまり、私のことを知っていただいた上で申し込みたいと思っていただけないとダイエットがうまくいかないので、最初は必ずカウンセリングに来ていただくようにしています。

無料カウンセリングでは、まず**お客様の悩み**をしっかりと聞くようにしています。お客様はダイエットをしたいという思いはありますが、ほとんどの方がそこに至るまでに嫌な体験や悩みを持っています。

まずはその悩みを聞き、その方がどうなりたいのか、どのような状態になると嬉しいのかを質問をしながら聞いていきます。

時には、私のダイエットの失敗談や苦労した話、うまくいった話などをお伝えしながらカウンセリングを行ないます。これには共感を生む目的と、**「私はあなたの味方ですよ」というアピール**が含まれています。

このようにして、お客様の悩みや不安を聞くと、多くの人が心を開いてくれます。そこから「どのような状態になると嬉しいのか」を共有しながらゴールを設定します。

今の体重、生活習慣を把握し、現在の立ち位置（スタート地点）をしっかりと認識していただきます。このままの状態ではいろいろな健康リスクがあることについても説明します。

「私のところでダイエットをやらないといけないというわけではなく、他のところでもいいので○○さんはダイエットをした方がいいですよ」とアドバイスをします。

さらに、「○○さんの体は○○さんだけのものではありません。○○さんが病気になってしまったら、家族や大切な人が悲しみます。だから、後はダイエットをいつやるかだけだと思います。先延ばしにすれば、その問題はいつまでも○○さんの人生について回ります。いつか解決しないといけない問題なら、今すぐチャレンジして早く解決しましょう。その方が先の人生が長く健康体で楽しめますから」と、お客様のことを真剣に考えて提案をします。

これは、私自身が病気寸前になるほど太り、今では健康体になって良いことづくめの人生になった経験からくる本心です。その**本気の思い**を乗せてお伝えしています。

本気の思いが伝わると人の心は動く、と私は思っています。

一度自宅に帰って自分の気持ちを確かめてもらう

無料カウンセリングが終わったら（契約をせずに）一度自宅に帰って自分の気持ちを確かめてもらうようにしています。

無料カウンセリングで目標設定まで行なうと、多くの人がやる気になり、すぐにでも申し込みをしようとします。ただ、そこで敢えて契約をせずに、「一度自宅に帰ってから自分でしっかりと考えて、ご家族とも相談してください。それでもやりたいと思ったら、お申し込みのご連絡をください」とお伝えしています。

その理由は、私の話を聞いた流れでそのまま申し込んでしまうと、私に勧誘されたという思いが芽生えるかもしれないからです。

ダイエットはお腹が空くし、トレーニングも疲れます。そんな時に私に言われたからダイエットを始めたという**他人依存の状態**でいると、諦めやすくなり成果が出にくくなります。

逆に、**人は自分の意思で決断をすると覚悟が決まります。**覚悟が決まれば、多少きつくても頑張れるものです。

また、家族に話をすることで、応援をしてもらえる状況をつくりたいという狙いもあります。家族が応援してくれると、ますます頑張れるようになりますからね。

ここで「一度自宅に帰ると、申し込みをやめてしまうのでは？」と心配する人もいると思いますが、私の場合は10人中8人の方が契約をしてくれます。

一方、自宅に帰ってから気持ちが変わり、申し込みを止める方はまだ覚悟が決まっていない人です。仮にその状態でダイエットを始めてもうまくいかないでしょう。

しかし、自分で覚悟を決めて申し込みをする方はダイエットに成功します。そうなると、本人は嬉しいし、私も嬉しい。B3ダイエットの評判も良くなる、とメリットだらけです。

ただし、その日のうちにカウンセリングに来ていただいたお礼メールと、1週間後の近況を伺うメールを送ってしっかりとフォローをしています。

クロージングの裏技

ここで、ちょっとした**クロージングの裏技テクニック**を紹介します。

無料カウンセリングに来たお客様には、お帰りの際に次のようなトークをします。

「あっ、お伝えし忘れたことがありました。こちらの都合で恐縮ですが、現在は予約待ちで、ダイエットコースのスタートは早くても1～2ヶ月後になります。決して煽るわけではありませんが、現在他の方のカウンセリングも入っているので、開始時期がお申し込みの先着順になってしまいます。なので、ご自宅に帰ってダイエットプログラムをやろうと思っていただいた時には早めにご連絡をください。せっかくお申し込みいただいたのに、開始時期が遅くなってしまうと心苦しいので。よろしくお願いいたします」

正直、これを言うことで申し込みの確率がかなり上がります。事実、当店のダイエットコースは予約待ち状態なので、そのことを正直に言ったところ、このトークで申し込みの確率が上がることに気づきました。

高額商品を販売する際に強く意識していること

高額商品を販売する上で、私なりに強く意識していることがあります。それは、**高額商品の売上げをメインにしないことです。**あくまで、売上げのメインは今までやってきたこと（本業）にすることをおすすめします。その理由は3つあります。

①高額商品を売上げのメインにすると、生活費を稼がないといけないという焦りが生まれ、契約が決まりにくくなるから。

②今までのメインの売上げだけで十分生活ができるので、横柄な人や楽して簡単にダイエットをしたい人など、私が受けつけたくないと思う人や、私の方針に合わない人はお断りすることができるから。するると、本気でやりたい人だけが来てくれるようになり、成果が出やすくなり、良好な関係性を築くことができます。

③ダイエットの高額商品は申し込みが多い時期と少ない時期があり、高額商品をメインの売上げに設定してしまうと、集客できなかった時に一気に売上げ減少となり、金銭的にも精神的にもきつくなるから。

またその他にも、お店の予約枠を、リピート率の高いメインの整体のお客様を優先するようにコントロールしたいという考えもあります。

私の場合は、**メインの整体の予約枠を6割、高額商品の予約枠を4割**にしています。この割合については いろいろと試してみましたが、６：４の割合が売上げと利益率が最も高くなることがわかりました。

また、これを意識的に行なうことで予約枠に**限り**が生まれます。すると、予約待ちを演出することができます。

ダイエットコースの申し込みを迷っているお客様に予約待ちがあることを伝えることで、「そんなに人気があるんだ！」「早く申し込まなければ！」と感じさせることができるので、申し込み率が上がります。結果、**8年間一度もダイエットコースのお客様が途切れたことはありません。**

売上げの内訳としては、整体の売上げをお店のランニングコストと生活費と一部をお店の内部留保に、高額商品を内部留保、貯金、投資（資産運用）、自己投資にあてています。

予約枠が埋まっていくメリット

ダイエットコースでは、コース開始時に先に予約を取ります。トレーニングを週に2回、3ヶ月間行なうので、これで24枠の予約が埋まります。

そうなると、予約枠が少なくなってくるので、整体のお客様は次回予約が取りにくくなります。整体のお客様が予約が取りづらいことを薄々感じ始めた頃に、更衣室に**あるPOP**を掲示しました。

「最近、次回予約が取りにくくなってしまい、申し訳ありません。いつも来てくださるお客様がご予約を取っていただきやすいように、2～3回先の予約が取れるようになりました」

このように打ち出したところ、整体のお客様が2～3回先の予約まで入れてくれるようになり、さらに予約枠が埋まるという現象が起こりました。その結果、今では**2～3ヶ月先まで常に予約が埋まっている状態**が続いています。

このように、予約枠が埋まるとメインの売上げもさらに良くなるというメリットがあります。

あなたにも売れる高額商品のつくり方

正直、私はかなりの慎重派です。だから、ビジネスはできるだけリスクを少なくして行ないたいと思っています。そんな私のような慎重派の人に合う**高額商品のつくり方**を紹介します。

実は、Ｂ３ダイエットで私のダイエットの成果が出始めた頃から「この商品は売れる！」と感じていました。なぜそう感じたのかといいますと、私がまだ太っている頃に**古市幸雄さん**という方のビジネスセミナーに参加した時のことが強烈に頭に残っていたからです。

古市幸雄さんは日本の能力開発の第一人者で、２００７年に出版した「1日30分を続けなさい！」（マガジンハウス）は２００７年度ビジネス書ランキングで第1位のベストセラー（48万部）になりました。その古市さんのセミナーは**「どういう商品をつくると売れるのか」**という内容でした。

そのセミナー中で古市さんはこう言いました。

「あなたが今悩んでいて困っていること（コンプレックス）を解決してください。そして、その解決方法をノウハウにしてください。あなたの後ろには、あなたと同じ悩みを持っていてまだ解決していない方がたくさんいます。その方がお客様になります。行列ができますよ！」

古市さん自身、この方法でビジネスを成功させています。自分が勉強ができなくて悩んでいた時に試行錯誤して成果の出た勉強法を体系化し、書籍にして大ベストセラーになったのです。

私はセミナー受講当時１１３キロもあり、太っていることがコンプレックスでした。そして、自分には痩せることはできないと諦めていました。

それが徳山さんと出会い、Ｂ３ダイエットを行なうことで、人生最大のコンプレックスを克服しました。

ダイエットで成果が出始めた頃に古市さんの言葉を思い出し、**これを商品化すれば必ず売れるはずだ！** という確信を抱きました。

その結果、ダイエット成功後にトレーナーの資格を取得し、徳山さんの許可を得て自分の整体院にB3ダイエットを導入しました。

この考え方でいけば、きっとあなたも高額商品をつくって販売することができるはずです。**なぜなら、コンプレックスがない人間なんていないからです。**

実は、ここに高額商品のつくり方の大きなヒントが隠されています。

世の中にはいろいろな高額商品がありますが、そのほとんどが困りごとや悩みごとを解決してくれる商品です。

例えば、ビジネスの集客で困っている人向けの高額経営塾や、結婚相手が見つからなくて困っている人のための結婚相談所、オシャレをしたいけれどどのような服を着ていいのかわからない人のためのファッションアドバイザーなど。

あなたが今悩んでいることをあなた自身が解決する。そして、それをノウハウ化したものが高額商品となります。

まずは、自分のコンプレックスを紙に書き出すことから始めてみてください。

1人だけの静かな時間をつくって、心に素直に書き出してください。そこで出てきたあなたの本当のコンプレックスを全力で解決しましょう。それができれば、あなただけの高額商品が完成します。

もちろん、コンプレックスの解決は楽ではありません。努力が必要です。でも、コンプレックスを解決できれば、あなたは嬉しい感情が芽生えますよね。そして、その解決方法を体系化し、同じ悩みを持つ人を解決してあげる。すると、その人にも喜んでいただける。

売上げが2倍になる上に、あなたはお客様から感謝され、自己重要感が満たされます。

だからこそ、コンプレックスを解決することは価値が高いのです。高い価値があるということは、それを商品化できたら高値で売れるということです。

あなたにコンプレックスがあるのなら、それは**ダイヤの原石**です。ダイヤは、磨くとキレイに輝きます。そんな輝く原石を持っているのに、世の中に表現しないのはもったいない話です。

だから、是非あなたも高額商品をつくって販売してください。今回お伝えした方法なら、失敗しても売上げは変わりません。成功すれば、お客様の人数はそのままで売上げが2倍になります。従業員がいらっしゃる方は、売上げが3～4倍になるかもしれません。

そう。高額商品をつくることには、何ひとつリスクはないのです。

本書の内容があなたの売上げアップのお役に立てたとしたら、これ以上の喜びはありません。

最後までお読みいただき、ありがとうございました。

体のバランス矯正院　寺平義和

著者略歴

寺平 義和（てらだいら よしかず）

体のバランス矯正院 代表

愛知県出身。整体師・B3ダイエットトレーナー。

村上整体専門医学院名古屋校を卒業後、同校講師を経て最年少学院長に就任。25歳で整体院「体のバランス矯正院」を独立開業する。開業してすぐに経営は軌道に乗るが、幼少時からの悩みである肥満に拍車がかかり、30歳で体重113kgに。人の健康に携わる仕事をしているにも関わらず糖尿病一歩手前になったことを機に、本気でダイエットに取り組むことを決意。徳山将樹氏考案のB3ダイエットに出会い、9ヶ月間で40kgのダイエットに成功する。

その経験からB3ダイエットトレーナーになり、整体院でコース料金30～50万円の高額商品であるB3ダイエットプログラムの販売を開始し、太っている人の気持ちが誰よりもわかるトレーナーとして評判を呼ぶ。

店舗型のサービスを提供するビジネス形態で物販なし、スタッフ増員なし、広い店舗への引っ越しなしの1人オーナーのまま、お客様の数はそのままで売上げを2倍にすることに成功。以降、売上げを伸ばしながら常に3ヶ月の予約待ち状態になる。

2017年、同文舘出版より「ビジネスマンのためのB3ダイエットであなたも必ずやせられる！」を出版。Amazonランキングダイエット部門で1位になる。

整体師・ダイエットトレーナーとして多忙な日々を送りながら、講演活動も精力的に行なっている。

体のバランス矯正院 https://teradaira.com/

B3ダイエット東海スタジオ https://teradiet.com/

一人店舗オーナー繁盛メルマガ https://teradaira.com/present

読者特典

お客様の人数はそのままで売上が2倍になったニュースレター&資料の原稿プレゼント

本書の中で登場した全3回のニュースレターと、情熱を込めて執筆したA4×13ページの資料の原稿（PDF）データをプレゼントします。これを見れば、あなたが高額商品を販売する際に大きなヒントが得られるはずです。

興味がある方は、下記URLまたは左のQRコードからお申し込みください。 **https://teradaira.com/present**

※この企画は予告なく終了する場合があります。早めのご視聴をおすすめします。

CHAPTER 10

地方の飲食店で客単価を10倍にしたビジネスのつくり方

株式会社ゆたか 鈴木賢司

「鈴木さん、すごいね。あなたのお店が東京のコンサルタント会社の講演会の中で、成功事例として全国の会員さんの前で公表されていましたよ！」

ある外食セミナーに行った友人であり、同業者の飲食店オーナーからこのような連絡が入りました。

なんと、私のお店の事例が、私の知らないところで某コンサル会社の教材になっていたようです。（経営者であれば誰でもその名前を知っているほど有名なコンサル会社です）

もちろん、許可なく公表されていたわけですから、今後の私のコンサル活動にも支障を及ぼすと思い、やんわりと注意。すると、コンサル会社の部長が飛行機で弊社（北海道）まで来て、平謝りでした。

そんな**有名コンサル会社が取り上げたくなるほどの私のノウハウ**をこれからお話しします。田舎の飲食店でもまだまだ活路がある上に、うまくいけば**客単価を10倍にすることもできるノウハウ**です。

じっくりとお読みください。

私は人口6000人ほどの北海道の小さな田舎町で「ゆたか」という飲食店を経営している鈴木賢司です。飲食店オーナー兼料理人の傍ら、最近ではコンサルタントとして日本全国の同業オーナーのために尽力しております。

そんな「ゆたか」がある十勝の池田町は過疎の町です。少子高齢化はもちろん、若年の労働者もどんどん大きな街に吸い取られ、年々**限界集落**に近づいています。そんな小さな町の吹けば飛ぶような弱小零細家業の飲食店がどうやって売上げを上げているのかをお伝えさせていただくことで、コロナの影響で苦境に陥っている全国の飲食店のみなさまの経営のヒントになればと思い、執筆しました。

私のノウハウは何か特別な方法などではなく、考えつくことを粘り強く淡々とやることで、売上げと利益アップにつながりました。何よりも、人口6000人の田舎町で立証できたわけですから、きっと本書をお読みのあなたも実現できるはずです。

年々縮小する外食産業

本題に入る前に、飲食店の現状を説明します。外食産業の市場規模は1997年の29兆円をピークに年々減少し、現在は**25兆円**で推移しております。しかし、25兆円の全てが日本人客によるものではなく、近年増えてきた海外旅行者の恩恵をかなり受けているわけですが、コロナショックの影響でインバウンド頼みの売上げは今後しばらくの間は見込めない状況となりました。

また、日本全体が高齢化社会になりつつある今、全体の胃袋が小さくなる（＝食べる量が減る）、つまり、外食産業全体のパイが小さくなっていくことになります。

一方、年々売上げ規模を拡大しているのが**「中食・宅配産業」**です。スーパーや百貨店の地下の食料品や、最近ではコンビニのお弁当も充実しています。ひと昔前までは近隣の飲食店が競合だったわけですが、現在はこの中食市場がある意味最大のライバルといっても過言ではありません。

こういった時代背景を鑑みた時に、これから5年後も10年後も今の場所で飲食業を続けていくことが本当にできるのか？　ということを真剣に考えるべきです。

「親から代々続いているお店だから」「せっかく脱サラをして開店した思い入れのあるお店だから」「金融機関から多額の借金をして、もう後には引けない状況だから」などの理由でお店を続けなければならない方もいると思いますが、私たちが思っている以上に世の中の流れは速く、お客様のニーズもどんどん変化しています。

そこで、同じ「飲食」でもフリーのお客様をターゲットにするのではなく、**予約を中心とした高単価の仕出しビジネスへシフトしてはいかがでしょうか？**

これは、コロナ禍で来店客が激減している中、にわかに始めた宅配弁当とは一線を画す手法です。

先日、出張で東京へ行き、街の中を歩いていると、通常は夜だけ営業をしているような居酒屋が、日中から軒先で５００円のお弁当を販売していました。お店のオーナーや店長があの手この手で時間と労力を使って、土地代が高い東京の一等地で５００円のお弁当を売っているのです。

当然、これでは家賃や人件費さえ捻出できないはずです。しかし、本人たちは居ても立ってもいられずに行動を起こしているのだと思います。この時は（大変失礼ながら）自分の状況を顧みて、「田舎で商売をやっていて良かった」と心の底から思いました。超がつくほどの田舎町なので、固定費のリスクが低いわけですからね。

土地代や保証金、敷金、礼金など多くの資金が必要となる都会で勝負するには、よほど強い商品力や特異性、経営力がないと、都会で勝ち組になるのは難しいと感じています。「ウーバーイーツ」や「ごちくる」などいろいろなお弁当仲介サービスがありますが、手数料を支払って最終利益を出すのは**至難の技**だと思います。

売上げを上げるのはもちろん大切なことですが、最終的に利益が出ないとビジネスとして成り立ちませんからね。

仕出し料理で売上げと利益を上げる!

そこで今回、私がお伝えするのは低単価のお弁当ではなく、**高単価のお膳料理、法要料理を主軸とした仕出し料理で売上げと利益を上げる方法**です。

そもそも飲食業は儲かりづらく、潰れやすい業種です。飲食店を開業して1年後の生存率は70%、2年後は50%、3年後は30%、5年後は20%、10年後は5~10%といわれています。特に資本力のある大手企業は外食市場にどんどん参入してきますが、今回のコロナショックで撤退を余儀なくされるお店も多いはずです。

また、常に予約や宴会が入るお店ならともかく、私の町のように人口が少なく、なかなか集客へ結びつかないローカル飲食店はお客様の動向を見定めることがなかなか難しく、ロス率アップや仕込みにブレが出て利益率を圧迫してしまいます。

忙しい時は異常に忙しく、暇になると呆れるぐらいに閑散としますし、都会に出て修行をして技術を磨いたところで、なかなか経営には結びつきません。

そんな私も、高校卒業と同時に北海道の中心地である札幌で修行をし、その後想いを馳せて東京で修行をした後、実家の家業である現店舗へ戻ってきました。そして、自分が持っている技術をお客様へアピールしようと、あの手この手でメニューを提案しました。美味しいものさえつくれば、お客様はついてきてくれる。そんな甘い考えを持っていた時期もありました。

しかし、人口には限りがあります。町の人口は６０００人ほどで、半径15キロの商圏人口を入れても5万人程度です。釣り堀に例えると、ほとんど魚がいない状態です。だから、今日や明日の売上げを稼ぐのが精一杯。今後の計画を立てる余裕さえありませんでした。

当時、私は既に結婚していて３人の子供がいましたが、家族5人が余裕を持って暮らすには程遠い状況でした。「これではいけない！」と試行錯誤した末に、次の柱として選んだのが**仕出し料理**でした。

仕出し料理とは？

仕出し料理と似て非なるものが、ピザや蕎麦、お寿司、お弁当などの**宅配料理**です。（「出前ビジネス」といわれることもありますね）

一方、仕出し料理はお祝いや法要ニーズを中心とした高単価メニューであり、宅配料理が日常に合わせた料理であるのに対して、仕出し料理は行事やイベントに合わせた料理といってもいいでしょう。

仕出しの中でも特に大きな需要がある**「法要」**に関して、私は次のように考えています。

世の中は高齢化の波がどんどん押し寄せていますから、仕出しビジネスはある意味、亡くなる人を待っているような商売と思われがちですが、亡くなられたご遺族にはお困りごとがたくさんあるはずです。初めての経験である法要で、何をやったらいいのかわからないことがたくさんあるでしょう。

そこで、法要料理を中心に、遺族に対して役に立つことはできないか、社会貢献的な意味合いを持つビジネスにすることはできないものか？

当店がビジネスとして成り立つのはもちろん、お客様にも喜んでいただける。そんな考え方で、法要を中心とした仕出し料理に力を注ぐことにしたのです。

仕出し料理ビジネスのメリット

仕出し料理の最大のメリットは、**事前に予約が入ること**です。いつ、何人分の料理をつくればいいのかが事前にわかるので、人員の確保を計画的に進めることができ、材料のロスも軽減することができます。

また、**高単価な市場**であることも大きな魅力です。飲食店のランチ営業などとは比べものになりません。そんな高単価の市場に参入することで、一気に売上げを加算することができます。

法要の場合、参列する方は香典としてだいたい1万円前後を包みます。喪主はそんな参列者に対して、1万円相当のお料理や引き出物を用意します。今まで当店のランチの客単価が1000円前後でしたので、本書のタイトルにある**「客単価10倍」**がここで成り立つわけです。

もちろん、なかには低価格に抑えてとほしいというお客様もいますが、特に田舎町では1万円前後が相場となっていますし、田舎に行けば行くほど法要に対する単価が高くなる傾向にあります。つまり、**かなり売上げを上げやすい市場**ということです。

高単価マーケット・仕出し料理ビジネスへ参入する方法

ここからは、どのような手順で高単価マーケットである仕出し料理ビジネス業界へ参入するのか、その具体的な方法を説明していきます。

一般的に「仕出し料理＝和食でなければならない」というイメージがあるようで、次のような相談が多いですね。「私は中華の料理人なので、今から和食をやるのは難しいです」や、居酒屋のオーナーから「私には高級料理をつくる技術がありません」などといった相談です。

安心してください。あなたが今やっている現業の料理をそのまま仕出し用の器にキレイに盛りつけることができれば全く問題はありません。普段お店ではつくっていない刺身などのメニューのリクエストがあった場合は、魚屋に外注する方法もあります。つまり、業種業態を問わず、今ある店舗の設備や道具を使って、その範囲の中で料理を提供することから始めればいいのです。

それでは、仕出し料理ビジネスに参入する方法を順番に説明していきます。

①顧客ターゲットと行事ターゲットを絞る

仕出しといっても、お祝い料理から法要料理まで多岐に渡ります。最初から全てに対応しようとすると、慣れていないので料理が遅れたり、お店全体のオペレーションが狂ってしまい、来店客にも仕出しのお客様にも迷惑をかけてしまいます。

そこで、段階的にどのお客様に対してどの料理を提供するのかという計画を立ててください。顧客ターゲットを絞ると共に、行事を絞るのです。

私たちが住む日本には数多くの行事やイベントがあります。祝い事にターゲットを絞るのであれば、出産祝い、百日のお祝いであるお食い初め、一升餅を背負う1歳の誕生日、七五三や毎年の誕生日などがあります。それらの行事やイベントに合わせた商品を開発してください。

具体的な料理の内容がわからない場合は、他店がどのような商品を提供しているのかをインターネットで調べてください。事例はいくらでも出てきますので、それらを参考にしましょう。

②価格設定

顧客ターゲットと行事の対象が決まったら、次は**価格設定**です。実は、仕出し料理ビジネスを成功させる上で一番大切なのは、メニューの中身よりも価格設定なのです。

ほとんどの場合、お客様は予算で決めるからです。ここが来店メニューと大きく異なる点です。

仕出しは、家庭のイベントや会社の行事に合わせて依頼されることがほとんどですから、**お客様が注文をしやすい値づけ**にすることが最も重要なポイントとなります。

例えば、法要の料理の予算を5000円から1万円で考えているお客様が多いのであれば、その価格帯のメニューをつくればいいのです。お弁当の販売先が製薬会社や大手企業であれば、2000〜3000円のメニューをつくるべきです。お客様のニーズがどの価格帯にあるのかをしっかりと分析した上で価格設定を行ないましょう。

③メニューをつくり、原価計算をする

販売価格が決まったら、次は中に入れる食材を決めると同時に原価計算をしていきます。

特に古い職人ほど経験と勘で決めるケースが多いのですが、細かく計算をしてみるとかなり原価がかかってしまっていることがあります。ここ（原価計算）をしっかり押さえないと、せっかく注文をもらってもお店に利益が残らないという最悪の状況に陥ってしまいます。

目標原価率は低いに越したことはありませんが、まずは**原価率30％台**で献立を考えてください。焼き物、揚げ物、煮物など、和洋中を問わずバランスよく入れたいものです。

また、**3種類くらいのメニュー**を用意して、お客様が選びやすいようにするといいですね。お弁当の場合は、上は3000円、真ん中は2000円、一番下は1000円というふうに、3種類くらい用意することで、お客様のニーズを満たすことができます。

ここで意識することは、それぞれの料理が何を「売り」にしているのかを明確にすることです。そこに**ストーリー**があればさらに良いですね。「極上松坂牛をふんだんに使った究極の牛すき焼き弁当」というふうに、食材の産地やつくり手の苦労話、調理法などをしっかり謳って差別化をしましょう。

④器の選定

器の選定は、メニューづくりと一緒に進めてください。器の選定には大きく**2つの選び方**があります。使い捨て容器を使ってお客様に届けた器は回収しないやり方と、お店の器を使ってお客様にお届けした後、数時間後（または翌日）に回収するやり方です。

これは立地や価格にも大きく左右されます。低単価のメニューを20キロ先までお届けすれば、配達コストが利益を圧迫してしまうので、配達エリアを明確にしたり、「〇〇円以上からは無料配達」と打ち出すようにしましょう。

また、高単価になればなるほど使い捨て容器ではなく、お店の器で持ってきてほしいというニーズが増えるので、器を複数セット用意しておくことも重要です。

⑤メニュー表づくり

メニュー表をつくる上で最も大切な要素は**写真**です。今はカメラの使い方も簡単になり、スマホの画質も年々向上していますが、私は**プロカメラマン**に依頼することをおすすめします。彼らは光の当て方や撮影する角度など、素人では考えられないほど細かい技術を駆使して撮影をしてくれます。**人は視覚から入る情報で9割を決定するそうです。**つまり、写真の優劣で売上げが増減するということです。

だから、多少の費用はかかりますが、写真は思い切ってプロカメラマンに任せた方がいいでしょう。

北海道・十勝の料理店「ゆたか」メニュー表(一部)

また、メニュー表のデザイン制作はデザイン会社や印刷会社に依頼するのが一般的ですが、費用を抑えたい場合はココナラなどのサイトで個人のデザイナーを見つけて依頼する方法もあります。印刷はインターネットの印刷会社に依頼すれば格安で印刷をしてくれます。

余談ですが、初めて制作したメニュー表はだいたい失敗するものです。しかし、それが経験値となり、その後新しいアイデアが湧いてくるはずです。そうやって自分のスキルを上げていきましょう。

仕出し料理ビジネスに有効な販売促進

ここまで準備ができれば、いよいよ販売促進活動をスタートします。そこで、今までに私が経験した仕出し料理ビジネスに有効な販促手法を紹介します。

●FAXニュースレター

弊社では、毎月決まった日、時間に顧客名簿から抽出したお客様に同報送信でFAXニュースレターを配信しています。

日頃から店内アンケートを積極的に行なっており、そのアンケートでFAX番号を記入していただきます。そこで集めたFAX番号リストをFAX送信会社に依頼して、一斉送信します。A4サイズ1枚の紙面の中にお店の近況やスタッフ紹介など、お客様が喜ぶ記事を載せています。

また、ニュースレターには売り込み記事は一切書かないようにしてください。売り込み記事が多いとお客様から嫌われ、毎月の購読をキャンセルされてしまいます。

ただし、紙面の中に「お祝い、ご法要を承ります」と1行だけ書き入れます。すると、このたった1行から、毎月多くの問い合わせが寄せられます。これがニュースレターの効果です。

もちろん、メールなどのWEBツールのほうが手軽ですが、紙媒体で送信すれば、受信者がそれを捨てない限りお客様の手元に残ります。例えば、Aさんにメールを送ったとしてもAさんがその内容を読まずに削除してしまうとそれで終わってしまいますが、Aさんの家にFAXを送ればAさんはもちろん、Aさんの家族も見る可能性が生まれます。

特に地方では、FAXはまだまだ強力な販促手法といえます。

●メニュー表の手渡し&ポスティング

来店客にメニュー表を渡して告知活動をしましょう。「自由にお持ち帰りください」と記して客席に設置するのはもちろん、お会計の際にスタッフが「機会がありましたら、よろしくお願いいたします」と丁寧にお伝えすることが一番効果的です。

また、アイドルタイムなどの空き時間に、**対象エリアにポスティングをする方法**も有効です。

お客様はあなたが思っている以上にお店のことを知りません。これを機会にローラー作戦で町の中をくまなくポスティングしてみてください。これを継続すると、ボディブローのように効果が出てきます。

③ユーチューブの活用

世の中はIT化が進み、私たち商売人にとっては少ない経費で販促活動ができるとてもいい時代になりました。その代表的なツールが**動画**です。

最近はおじいちゃん、おばあちゃんもスマホを持っている時代です。それなら、ユーチューブを活用しない手はありません。**日本中に拡散してくれる上に、広告費はゼロ円ですからね。**

当店では毎週4回、お店の紹介をはじめ、仕出し料理についての告知を繰り返し行なうことで、エリア内での「法要料理」「お祝い料理」キーワードでは上位に検索されるようになりました。まだ始めて1年足らずですが、競合でここまでやっているお店がないようで、上位表示が実現しています。

完璧な動画をつくろうとするとなかなか前に進みませんが、あまり内容にこだわらず、まずはより多くの動画をつくるようにしてください。当店では1分間程度の動画を一発録りでつくるので、最近では撮影からアップまで10分程度で作成しています。

④ホームページ

お客様はお客様のタイミングでお店を探しますから、ホームページはお客様のタイミングに合わせていつでも情報を閲覧できる状態にしておくべきです。

ホームページにはお店の情報と共に、仕出し料理に関する情報を掲載してください。メニュー画像だけを貼りつけたホームページでは検索されません。必ずテキストで「法要料理」や「お祝い料理」

などと記述をすると共に、先に説明したユーチューブの動画を貼りつけてください。

ホームページづくりを専門業者に依頼すればそれなりの費用がかかりますが、ホームページはとても強力な販促ツールとしてその効果を発揮してくれるので、自分で作成できない場合は依頼することも考えましょう。

最後に、弊社のホームページを記載しておきます。参考にしてください。

北海道・十勝の料理店「ゆたか」 https://yutaka-web.com

⑤新聞折込チラシ

新聞折込チラシはオーソドックスな手法ですが、地方ではまだまだ有効です。新聞社は複数あるので、新聞によって折込日をずらしたり曜日で区切るなどして、どのタイミングでどの新聞社に入れるのが一番効果的なのかを計測しましょう。

私の経験上、週末には折込をしないほうがいいと思います。週末には多くのチラシが折り込まれるので、スルーされる可能性が高くなります。私のおすすめは平日です。

また、新聞を開いた時に一番上にあなたのお店のチラシがくるように（＝目立つように）、折込店に交渉しましょう。

そして、注文していただいたお客様には必ず**認知経路の確認**を行なってください。認知経路とは、どの媒体でお店のことを知ったのか？　を聞き取ることです。

そうすることで、効果がある媒体とそうではない媒体を判別することができます。仮に、新聞折込の反応が一番良いことがわかれば、折込の回数を増やしていくことで、さらに多くの反応を得ることができるようになります。

これらの販促活動を行なった結果、人口６０００人の田舎町のお店でも、週末は仕出しの売上げが来店客の売上げの数倍を稼ぎ出すまでになりました。これにより、売上げと利益が大きく向上したのです。

「事」を売る

仕出し料理ビジネスは、料理の味ももちろん大切ですが、あなたが思っているほど料理の技術は必要ありません。そのようなことをいうと料理人に怒られそうですが、それ以上に必要なのは**「事」を売ること**です。

今、世の中のほとんどのお店の料理が美味しいです。さらに、その料理の味を引き立たせるのが接客であり、お店のしつらえであり、何よりも店員の笑顔です。

しかし、多くの飲食店経営者は味を基準に考えてしまいます。よく考えてみてください。味は口に入るまではわかりません。

先味、中味、後味というものがあります。先味は、料理を食べる前のお店の外観や接客、空調や音楽などを指します。中味は料理そのものの味。後味は食べ終わったあとの会計やお見送りなど。

あなたがお客様だったら、まず先味が悪い時点でお店を選びませんよね。後味が悪いお店も次回からは選ばないと思います。だから、料理よりも大事なのが「先味」と「後味」なのです。

さらに、お客様がなぜあなたのお店を利用しているのか？　その理由を知る必要があります。特に仕出し料理ビジネスではこの部分が重要です。それが「事」を売るという意味です。

お子様のイベントでは、何をしたらお客様が喜ぶでしょうか？　敬老のお祝いであれば、どのようなメニューでおもてなしをして、どのようなサプライズをすればいいでしょうか？　法要では、お客様はどのようなことに困っているのでしょうか？　それらを真剣に考えると、お客様との距離が一気に縮まり、お客様があなたのお店を選んでくれるようになります。

このことは、北海道の田舎町にある当店で実証済みです。

仕出しビジネスには無限の可能性があります。

是非あなたのお店でも仕出しビジネスにチャレンジしてみてください！

株式会社ゆたか　鈴木賢司

著者略歴

鈴木 賢司（すずき けんじ）
株式会社ゆたか 代表取締役

昭和41年、寿司店経営者の長男として生まれる。

高校卒業後の進路に迷った末、家業を継ぐことを決意。そのことを父に告げると「これからは寿司屋の時代ではないから、洋食の道に進みなさい」と意外な答えを告げられる。

そこから西洋料理人として、札幌のホテルと東京のフレンチレストランで修行。21歳の時にはバックパックをしながらヨーロッパ4ヶ国を食べ歩きした経験がその後の大きな自信となる。

北海道・十勝池田町に戻ってきたのが26歳の時。頑固な父について、にぎり寿司の特訓を始める。帰郷して驚いたことは、会社の業績。決算書の読み方さえわからない私でも業績が悪いことがわかり、そこからはマーケティングや決算書の読み方などを勉強すると共に、いかに無駄な動きを無くすための厨房器具のスペックやレイアウトを学ぶ。

その後、店舗は黒字化。高齢化が進む中、2倍以上の売上げ（人口比率にすると4倍以上）を残すことに成功。その実績が認められ、弊社の取り組みを見学するために、日本全国から同業者が集まるようになる。

現在は和食メニューも洋食メニューもある田舎町ならではの飲食店として、自身も最前線で料理をすると共に、日本全国の中小飲食店に向けた仕出しコンサルを展開中。

本州を中心とした講演活動と同時に、自社開発の販売管理ソフト「仕出し・ケータリング顧客獲得システム・まねくる」を販売。好評を得ている。

2人の息子と1人娘、妻の5人家族。趣味はギター、読書、マラソン、映画鑑賞など。

北海道・十勝の料理店「ゆたか」 https://yutaka-web.com
鈴木賢司飲食総合研究所 https://ken-eat.com/

読者特典

法要料理参入においてのパンフレットづくりのポイント（PDFデータ）

「仕出しビジネス」参入にあたって、数年かけてバージョンアップを繰り返した集大成の「ご法要パンフレット」を作成する上でのポイントを包み隠さず公開いたします。パンフレット作成の際にお役に立てください。興味がある方は、下記URLまたは左のQRコードからお申し込みください。

https://yutaka-web.com/saikyo-sokuhan/

※この企画は予告なく終了する場合があります。早めのご視聴をおすすめします。

CHAPTER 11

「みんなのBOOKS」の未来

株式会社ザッツ 米満和彦

私は今までに6冊のビジネス書籍を執筆、出版してきました。

最近は、**本が売れない時代**といわれることもありますが、まだまだ本の威力は絶大で、本を出版すれば多くの問い合わせや仕事の依頼が寄せられますし、何よりも信頼感が格段に上がります。

ビジネスの最重要ポイントは「信頼感」ですから、出版を実現することで私のビジネスはかなりうまくいくようになりました。

この出版のご縁により、私は数年前から**出版会議**を開催するようになりました。（開催場所は福岡市なので「九州出版会議」と命名しました）これは、私の書籍を出版していただいた出版社の主催で、私はそのお手伝いをしているグループのリーダーを務めております。

まず、「出版したい人」を集めて、商業出版を実現する方法を説明する説明会セミナーを開催します。そこで手を挙げた方を約1ヶ月間サポートし、その後出版会議に臨みます。出版会議には東京の出版社から編集長が福岡にやってきて、「出版したい人」の企画を**オーディション形式**で審査します。そこで採用されれば、見事商業出版を実現するチャンスを手に入れることができます。

出版会議までの約1ヶ月間、企画発表者をサポートするので、企画が採用されればまるで自分のことのように嬉しくなりますし、採用されない場合は悔しい感情が芽生えます。

ちなみに、世の中にはこれ以外にも様々な形の出版サポートサービスがあります。一般的には数十万円から数百万円の費用がかかることが多いですが、私たちが行なっている出版会議ではそのような多額の費用は必要ありません。説明会セミナーと出版会議でそれぞれ参加費として数千円をいただ

くだけです。（これを会場代などの実費にあてています）

時々驚かれることもありますが、私たち運営メンバーは全て商業出版を実現したメンバーで、みなさん純粋な気持ちで「出版したい人」をサポートしようと、ボランティアで活動をしていただいています。「自分たちが受けた恩を次の人に手渡す」という**恩送りの精神**で集まっている、本当に魅力的なメンバーたちです。

そのような活動をしている中で気づいたことがあります。それは、**世の中には「出版したい人」がとてもたくさんいるということ。**特に中小企業や店舗経営者の中にはビジネスで成功している方も多く、それらの成功ノウハウを「出版」という形で世の中に出したいと考える人が多いようで、年2回の出版会議では毎回多くの参加者が集まります。

しかし、商業出版はそれほど甘い世界ではありません。出版社も利益を追求する企業ですから、売れない企画は採用されません。

一般に1冊の本を出版するためには、編集費用や印刷費用などで数百万円の費用がかかるといわれています。出版社はそれを「投資」するわけですから、売れない企画が採用されないのは当然です。だから、当然出版会議を開催しても、採用される人よりも採用されない人のほうが多くなります。すると、採用されなかった人たちは肩を落としてうなだれます。

言葉では「良い勉強になりました」などと明るく振る舞っていますが、彼らの心情を考えると、それに対して何もできない自分の無力さを痛感することが多々ありました。

やがて、私は1つのアイデアをひらめきます。一般的な出版の場合、1人の著者の本を編集、印刷して、これを全国の書店に流通させます。

そうではなくて、**複数の著者**の本を**直接販売**すれば、損益分岐点が下がるのではないだろうか？　これが実現すれば、商業出版の可能性を広げることができるので、今まで以上に「出版したい人」の夢を叶えることができるかもしれない！

それから私は「出版の世界」を学ぶために、様々な関連書籍を読み漁り、私のアイデアの実現性を探りました。そこで生まれたのが、今回の10名の著者による全く新しい形の書籍です。

私は「販促×節税　利益アップ！研究会」という会員制サービスを運営しており、まずそのコミュニティ内で「出版したい人」を募りました。すると、すぐに10名以上の会員が手を挙げました。次に彼らに企画内容を提出していただき、私1人で審査を行ない、10名を選出しました。10名の著者はいずれも(私以上に)大成功している経営者ばかりで、コンテンツもとても魅力的なものが集まりました。

販売方法は、まず最初に「予約キャンペーン（＝直接販売）」を企画し、そこで得られた予約数を元に印刷部数を決め、その後アマゾン販売や書店販売を行なっていく予定です。最初に直接販売をすることで、ある程度の利益を得ることができれば、その後のアマゾンや書店などの一般販売でもいろいろな冒険をすることができます。

ちなみに、この原稿は予約キャンペーン終了後に書いていますが、キャンペーンは見事に成功しました。約１０００冊もの予約をいただくことができ、利益を生み出すことができました。

私のアイデアの実現性が1つ証明されたのです。

今後の計画としては、早速第2弾書籍の企画をスタートさせること（「我こそは！」と思う方は是非手を挙げてください）や、本書籍の10名の著者の中から単著の著者がどんどん生まれる仕組みづくり、ビジネス書籍以外のジャンルの出版企画、このビジネスモデルを複数社で広げていく仕掛けなどを考えています。自ら実験を行ない結果を出していくことで、**出版の新たなビジネスモデル**をつくり上げていきたいと真剣に考えています。

これが、今まで私がお世話になってきた出版業界に対する恩返しになることを目指して。

もちろん、理想の形に到達するまでには様々な障壁にぶち当たると思います。実際、本書籍を出版するまでにもいくつかの障壁がありました。でも、どうやら私は障壁が好きな性格のようで、目の前に障壁が現れたら「困ったな」と思うと同時に、心の隅っこにワクワクする感情が芽生えることを感じます。

そんな私の無謀な物語の「その後」を知りたい方は、私のメルマガにご登録ください。

無料メルマガ「販促アイデア大全集」　https://hansoku-idea.com/mailmagazine/

また、これから出版したい方も是非お読みください。年2回の出版会議と「みんなのＢＯＯＫＳ」シリーズで、私はこれからも「出版したい人」を全力でサポートし、彼らの夢を叶えるお手伝いをしていくつもりです。

さあ、次はあなたの番です！

終わりに

ある男性経営者のこんな物語を読んだことがあります。

親から継いだ会社には数十億円の負債がありました。その瞬間、男性は絶望感を感じましたが、そこから借金を返済するために努力を続け、数年後、見事に全ての借金を返済することができました。

しかし、話はこれで終わりません。今まで借金に充てていたお金が、その後はそのまま利益として残るため、会社の業績が加速度的に上がっていきました。借金返済のためのエネルギーが、借金完済後はそのまま利益アップの原動力となり、会社の業績は先代の頃よりも大きく飛躍することができたのです。

この話は現代にも当てはまります。日本の経済は長く停滞している上に、2020年にはコロナショックが起こり、歴史上最大の苦難に陥っています。しかし、そんな厳しい時代でも前を向き、努力や工夫を重ねて商売繁盛を実現している人が増え始めています。こんな過酷な状況において商売繁盛を実現することができれば、コロナ収束後にはさらにパワーアップすることができるでしょう。

コロナショックを打破するエネルギーが、コロナ収束後はそのまま利益アップの原動力となり、会社の業績はコロナ以前よりも大きく飛躍することができるはずです。

本書籍には10個の成功ノウハウを書き記しました。そのほとんどがコロナ禍において成功しているものばかりなので、ここからヒントを得て、コロナショックという試練を乗り越える一助となれば、

終わりに

監修者としてこれ以上の喜びはありません。

また、各コンテンツの最終ページにはそれぞれ「読者特典」を設けています。是非ここから10名の著者とつながってほしいと思います。

私は、成功への最短ルートは成功者とつながることだと思っています。彼らの成功ノウハウを学ぶことはもちろんですが、それ以上に大切なことは、彼らの話し方や雰囲気、前向きな姿勢を体感することで、あなた自身の意識を変革することこそが成功へ直結する最短ルートだと思います。また、現代はSNSの発達により、人とつながりやすくなりました。これを利用しない手はありません。

本書籍の読者であれば、10名の著者もきっと温かく迎え入れてくれるはずです。

「著者とつながる」…これも今回の書籍の目的の1つであります。

最後に、無謀ともいえる私のチャレンジに前向きにおつきあいいただいた著者のみなさまと、いつも私の破天荒な行動を温かく見守ってくれる会員、クライアントのみなさまに心よりお礼を述べたいと思います。

また、いつも私の人生を支えていただき、今回の企画を温かく受け入れていただいた同文舘出版株式会社古市編集長にもお礼を申し上げます。

そして、本書籍をお読みいただいた読者のみなさまの商売繁盛を九州の地より祈念しております。

株式会社ザッツ　米満和彦

今までのビジネス人生で
最高に売れた
最強販促事例
を全て包み隠さず
お話しします。

今までのビジネス人生で最高に売れた
最強販促事例を全て包み隠さずお話しします。

著作者名　小屋真伍　遠近教一　米野敏博　斎藤元有輝　長岐裕之
庄司琢麻　辻山敏　一条幸夫　寺平義和　鈴木賢司
発行日　2021年2月26日
発行　みんなの出版社
〒812-0857 福岡市博多区西月隈1-14-93-201
電話 092-411-3758 https://hansokubook.com
発売　星雲社（共同出版者・流通責任出版社）

ISBN978-4-434-28743-5　C2034